M000028311

El absurdo mercado de los hombres sin cualidades

Pepitas de calabaza ed.
Apartado de correos n.° 40
26080 Logroño (La Rioja, Spain)
pepitas@pepitas.net
www.pepitas.net

Traducción de «*Sic Transit Gloria Artis*» Luis Andrés Bredlow
    y Emma Izaola.

Traducción de los restantes textos incluidos en este libro:
    Luis Andrés Bredlow

Grafismo: Julián Lacalle

ISBN: 978-84-15862-11-6
DEP. LEGAL: NA-2540-2009

Primera edición, octubre de 2009
Segunda edición, febrero de 2014

El absurdo mercado de los hombres sin cualidades

Anselm Jappe · Robert Kurz
· Claus Peter Ortlieb

Introducción a la edición castellana
Anselm Jappe

LOS ENSAYOS REUNIDOS EN este volumen aspiran a ofrecer al lector de lengua castellana una primera aproximación a la corriente internacional de pensamiento crítico conocida como «crítica del valor».[1]*

Los tres primeros textos constituyen una introducción general a las temáticas de la crítica del valor («El absurdo mercado de los hombres sin cualidades»), a sus presupuestos intelectuales («Los intelectuales después de la lucha de clases») y al concepto de mercancía y de fetichismo de la mercancía («Las sutilezas metafísicas de la mercancía»). Los ensayos siguientes tratan de dar una idea del potencial heurístico de este enfoque, hablando de análisis histórico y de la crítica del trabajo («Luces de progreso»), de arte y de cultura, así como de los nexos entre la crítica del valor y la crítica situacionista («*Sic transit gloria artis*»), de crítica de

---

*   Las notas numeradas —referencias bibliográficas en la mayoría de los casos— están situadas al final de cada artículo. (N. del e.)

7

la ciencia («Objetividad inconsciente») y de historia de las ideas («¿Crítica social o nihilismo?»).

La crítica del valor se ha venido elaborando durante mucho tiempo en las páginas de la revista alemana *Krisis*, publicada a partir de 1986 en Nuremberg. Sus autores principales (Robert Kurz, Ernst Lohoff, Roswitha Scholz, Norbert Trenkle, Peter Klein) han publicado además varios libros, una docena, hasta la fecha, debidos a la pluma del mismo Kurz —entre ellos, *Der Kollaps der Modernisierung* (El colapso de la modernización, 1991); *Schwarzbuch Kapitalismus* (El libro negro del capitalismo, 1999); *Marx lesen* (Leer a Marx, 2001); *Weltordnungskrieg* (La guerra por el orden mundial, 2003); *Das Weltkapital* (El capital mundial, 2005)—. Fuera de Alemania, los textos producidos por esta corriente se difundieron en un primer momento sobre todo en el Brasil. Yo mismo he traducido algunos de ellos al italiano y los he presentado al público italiano y, más tarde, al francés. Mi libro *Las aventuras de la mercancía*, publicado en 2003 en Francia (Denoël) y posteriormente en Alemania y en Portugal (Antígona), resume los puntos capitales de la crítica del valor.

En 2004 tuvo lugar una escisión de la redacción de *Krisis*. Robert Kurz, Roswitha Scholz, Claus Peter Ortlieb y otros fundaron la revista *Exit!* y no comparten ya las posiciones asumidas posteriormente por

Krisis. Los artículos aquí reunidos son, sin embargo, anteriores a dicha escisión.

De todos modos, cabe hablar de una corriente de pensamiento *internacional*, por cuanto algunos otros autores han llegado también, por las mismas fechas, a resultados análogos. El esfuerzo teórico más próximo al elaborado por *Krisis* es el grueso volumen *Time, Labour and Social Domination. A Critical Rethinking of Marx' Theory* de Moishe Postone, publicado en 1993 en los Estados Unidos (University of Chicago Press) y recientemente traducido al castellano (Marcial Pons, 2006).

Los escritos aquí reunidos no persiguen el propósito de ofrecer una antología representativa de toda la crítica del valor. En efecto, la selección no da a Robert Kurz el peso que le correspondería como verdadero centro motor de esta revolución teórica. Por consiguiente, no se encuentran aquí los pormenorizados análisis de los avances de la crisis del sistema capitalista mundial que son el punto más fuerte de Kurz, y solo de pasada aparecerán sus batallas polémicas contra el marxismo tradicional y su concepto-fetiche de la «lucha de clases». Falta también la teoría del «valor-escisión», propuesta inicialmente por Roswitha Scholz, que afirma que en la base del valor mismo se encuentra una división entre la esfera del «trabajo» que produce «valor», y que es tradicionalmente el dominio de los varones, y las demás actividades, sobre todo las de la reproducción cotidiana (la esfera doméstica), que en la sociedad capitalista son consideradas inferiores y asignadas a las mujeres.

Conviene aclarar algunos equívocos posibles, debidos en parte al hecho de que algunos de los ensayos de este volumen pertenecen a una primera fase de la elaboración de la crítica del valor y que ciertas tesis, o ciertas formulaciones, han sido superadas en lo sucesivo. La crítica del valor está en constante elaboración, y no se ha de aceptar en bloque o desecharla.

La crítica del valor afirma que el capitalismo no está viviendo una fase de expansión triunfal ni constituye, en forma de democracia y economía de mercado, un estadio final e insuperable de la humanidad. La revolución microelectrónica ha acelerado el agotamiento de la dinámica de acumulación del capital; agotamiento que era ya inherente a sus premisas, esto es, a la doble naturaleza del trabajo como trabajo concreto y trabajo abstracto. Solo el recurso cada vez más masivo al «capital ficticio» de los mercados financieros ha impedido, durante los últimos decenios, que esta crisis de la economía real llegara a estallar. La crítica del valor es, como toda la teoría del valor de Marx, una teoría de la crisis; y no de una crisis cíclica de crecimiento, sino de una crisis final. No contradicen este análisis los múltiples retrasos e interrupciones que experimenta esta disminución mundial de la sustancia de valor. La crisis final no equivale a un día x en que todo para, sino a la progresiva imposibilidad de que el sistema capitalista siga funcionando; y eso no es una previsión para el futuro, sino una constatación de lo que le está sucediendo ya actualmente a la mayor parte de la humanidad. Además se está difundiendo cada vez más la espera de un gigantesco derrumbe de los mercados financieros e inmobiliarios, que tendrá consecuencias catastróficas también para la economía real. El hecho de que algunos actores económicos estén logrando actualmente extraer pingües ganancias de esta crisis no significa ciertamente que la economía capitalista en su conjunto esté gozando de buena salud.

La mengua del pastel capitalista en conjunto y la lucha cada vez más encarnizada por los restos —mediante fusiones y deslocalizaciones, la derogación de las garantías sociales y el retorno de formas salvajes de explotación— han traído consigo un empobrecimiento de las clases medias que nadie había previsto veinte años atrás. Entre las consecuencias inesperadas de este proceso, hay un resurgimiento del tipo de marxismo más tradicional, que hacia 1990 parecía ya definitivamente muerto y enterrado. El concepto de «lucha de clases», denunciado por la crítica del valor como simple lucha por la redistribución cuantitativa dentro de las categorías capitalistas de dinero y valor, vuelve a atraer la atención mediática, ya sea en sus formas más arcaicas, ya en las versiones posmodernas del elogio de la «multitud». Las denuncias de las injusticias distributivas están, por supuesto, justificadas; sin embargo, por lo general sirven para eludir la necesidad de una «ruptura categorial» con el valor y el dinero, el mercado y el Estado, el capital y el trabajo. La sociedad mundial de la mercancía ya no es capaz de seguir creciendo ni, por tanto, de integrar a los que están al margen. No cabe ya ningún retorno a formas anteriores y más «humanas» de capitalismo, como el modelo keynesiano del Estado asistencial y del pleno empleo. Limitarse a criticar el «neoliberalismo» es, en definitiva, quedarse corto. Una salida solo puede consistir en la superación de las categorías mismas de la socialización capitalista.

Pero nada nos asegura que esta se vaya a producir. Ninguna dialéctica histórica garantiza el paso del capitalismo a una sociedad emancipada. La caída en la barbarie sigue siendo una posibilidad nada remota. De hecho, la crítica del valor ha venido liberándose progresivamente de una cierta confianza residual —todavía palpable en algunas formulaciones de los textos aquí presentados— en el «progreso», en las etapas «necesarias» de la historia y en la posibilidad de una simple reapropiación de las fuerzas productivas, una vez estas fuesen liberadas de la armazón de la forma-valor.

La crítica del valor no se propone ofrecer indicaciones directas para actuar. No se trata ciertamente de una filosofía contemplativa, y no en vano se ha desarrollado enteramente al margen de cualquier contexto académico o institucional. Pero al mismo tiempo rehúsa la intimación de proponer soluciones inmediatas. Por más que sea legítimo esperar de una crítica de la sociedad capitalista que señale también una posible praxis de superación, hay, sin embargo, buenos motivos para insistir en la necesaria autonomía de la teoría. En efecto, si no estuviera permitido pensar ni decir más que aquello que se pueda traducir acto seguido a una forma de acción «práctica», sería imposible formular un pensamiento radical. La «ruptura categorial» que constituye el horizonte de la crítica del valor no se deja cambiar a toda prisa en moneda política (como sucede, por ejemplo, con las teorías de la «multitud»), ni admite una aplicación inmediata a la vida personal de cada uno. En cambio, pensar la ruptura con las categorías fundamentales de la socialización capitalista permite mantener abierta una perspectiva que vaya más allá de las innumerables propuestas actuales que tratan de cambiar el presente sin tener que cambiar nada.

TODOS LOS temas abordados en estos ensayos merecerían ser tratados con mucha mayor profundidad. Los escritos de Kurz, los míos y los de algunos otros autores que toman por punto de partida la crítica del valor contienen una parte de esos desarrollos teóricos, mientras que otros quedan todavía por hacer. Quisiera mencionar aquí solo uno de esos desarrollos posibles. Tratando de la cuestión del «nihilismo» (tema del xxxv Congreso de Jóvenes Filósofos, celebrado en 1998 en Barcelona, al que fui invitado), hablé sobre todo de la noción de lo «negativo» y de su papel en la crítica social, que puede llegar a veces al «nihilismo», al rechazo de todo lo existente. Solo al final del ensayo aludí a aquel «nihilismo» que es inherente a la lógica de la mercancía misma y a la sociedad fundada sobre ella. Creo que los diez años que han transcurrido desde entonces han confirmado decididamente la naturaleza «nihilista» de la sociedad capitalista en general y de su fase más reciente en particular. La indiferencia hacia cualquier contenido, subordinado a la mera *cantidad* de valor —y, por tanto, de dinero—, no solo explica por qué este sistema tiene que devastar necesariamente a la naturaleza y al hombre, arrojándolo todo a la gran hoguera de la valorización; esta indiferencia constitutiva plasma también la propia vida anímica de quienes viven en una sociedad de la mercancía. El fetichismo de la mercancía es precisamente eso: una forma *a priori*, un código simbólico inconsciente, previo a toda forma posible de acción y de pensamiento. El capitalismo ya no es un sistema que oprime desde el *exterior* a unos sujetos humanos sustancialmente distintos del sistema mismo. Hoy en día, el capitalismo crea unos sujetos que ven en el mundo entero unos simples medios para realizar sus propios intereses. Semejante incapacidad de reconocer la autonomía del mundo exterior al Yo caracteriza, por un lado, a la filosofía moderna a partir de Descartes y de Kant; por otra parte, en la época de la «cultura del narcisismo» (Christopher Lasch) se ha convertido en un fenómeno de masas. Esta relación puramente instrumental con el mundo —con los otros seres humanos, con la naturaleza y, finalmente, con cualquier cosa dada fuera de la abstracta voluntad del Yo, empezando por el propio cuerpo de uno— ya no se puede reducir a ninguna estructura de clase social. La acción continua de los *mass media* y la eliminación simultánea de la realidad y de la imaginación en favor de una chata reproducción de lo existente, la «flexibilidad» permanentemente impuesta a los individuos y la desaparición de los tradicionales horizontes de sentido, la devaluación conjunta de lo que constituía una vez la madurez de las personas y de lo que era el encanto de la niñez, reemplazados por una eterna adolescencia embrutecida, todo eso ha producido una verdadera regresión humana de grandes dimensiones, que puede calificarse de barbarie cotidiana. No faltan descripciones, a veces agudas, de esos fenómenos, pero los remedios que se proponen son ineficaces o trivialmente reaccionarios (cuando se propone la simple restauración de las autoridades tradicionales). Solo a partir de un cuestionamiento radical de la lógica de la mercancía se pueden entender las raíces profundas de tales tendencias a la deshumanización.

Un tipo de sucesos que sacude regularmente a la opinión pública son las matanzas perpetradas en centros escolares y otros lugares públicos, cada vez más frecuentemente por personas consideradas «normales», y que por regla general terminan con el suicidio del propio asesino. Lo que esas matanzas tienen en común con las sectas suicidas y con los terroristas suicidas al servicio de causas diversas, pero también con la violencia enteramente «desproporcionada» de muchas formas de delincuencia ordinaria, sobre todo en los cinturones de miseria del mundo, es que la muerte ajena, y aun la muerte propia, ya no son el precio a pagar para conseguir otro fin, que en sí mismo podría ser racional (por ejemplo, el enriquecimiento), sino que, en estos casos, la destrucción y la muerte, incluida la muerte propia, se convierten más bien en un fin en sí mismo. Todo cuanto se llega a saber acerca de las motivaciones de los «asesinos dementes» apunta en la misma dirección: un resentimiento sin fin, un odio indiscriminado hacia el mundo entero, incluido uno mismo. Robert Kurz ha hablado, a este propósito, de una «pulsión de muerte» que, a diferencia de la que teorizara Freud, no es de índole biológica o antropológica, sino que es consecuencia de la sociedad de la competición. En un ensayo de 2002, Kurz escribe:

Hablando de la proliferación de nuevas guerras civiles, así como del vandalismo de los centros occidentales, el escritor alemán Hans Magnus Enzensberger ha observado que en esos conflictos «ya no se trata de nada». Para entender eso, hay que volver la frase del revés: ¿qué es esa nada de que se trata? Es el perfecto vacío del dinero elevado al rango de un fin en sí mismo, que, cual Dios secularizado de la modernidad, ha acabado por dominar definitivamente la existencia. Este Dios reificado no tiene de por sí ningún contenido sensible ni social. Las cosas y las necesidades no se reconocen en su cualidad propia, sino que se las priva de esta para «economizarlas», es decir, para convertirlas en mera «gelatina» (Marx) de la valorización y, por tanto, en mero material in-diferente. El ejecutor de esa «indiferenciación» del mundo es la competición total.

Es un engaño creer que el núcleo de esa competición universal es la autoafirmación de los individuos. Todo lo contrario es cierto: es la pulsión de muerte de la subjetividad capitalista, que sale a la luz como última consecuencia. Cuanto más la competición entrega a los individuos al vacío —a la vez metafísico y real— del Capital, tanto más fácilmente pasa la conciencia a un estado que apunta más allá del concepto del mero «riesgo» o del «interés»: la indiferencia hacia todos los demás se trasmuta en indiferencia hacia uno mismo. Los inicios de esa nueva cualidad de la frialdad de los tratos sociales, convertida en «frialdad hacia uno mismo», se manifestaron ya durante los grandes momentos de crisis de la primera mitad del siglo xx. La filósofa Hanna Arendt habló, en este sentido, de una cultura de la «pérdida de sí», de la «pérdida de sí» de los individuos desarraigados y de un «debilitamiento del instinto de conservación» debido a la «sensación de que uno mismo no importa, que el propio Yo se puede sustituir en cualquier momento y en cualquier lugar por otro».[2]

La última palabra de la sociedad fundada sobre la mercancía y el dinero, el trabajo y el capital no parece ser la opresión de una parte de la humanidad por otra que, con todo, puede gozar los frutos de su dominio, moralmente condenable pero no intrínsecamente irracional. Lo desconcertante del actual declive mundial del capitalismo es el hecho de que la actitud destructiva hacia los seres humanos y hacia la naturaleza a menudo no parece obedecer ya ni tan siquiera a criterios de rentabilidad, ni tampoco, en todo caso, a perspectiva alguna a medio o incluso a largo plazo. En ciertos aspectos, el nazismo fue una anticipación de semejante destructividad que aspiraba desde el principio —y no del todo inconscientemente— a la propia ruina. Pero si el capitalismo es una cultura de la muerte no menos que una cultura de la búsqueda del beneficio, no se salvan de esta condición tampoco quienes deberían o podrían oponerse a este sistema. Las reacciones de quienes se ven excluidos de los beneficios materiales o simbólicos del nuevo orden mundial, y sobre todo de las víctimas del *apartheid* global, tienden a reproducir los mismos mecanismos de destrucción ciega y de autodestrucción, consecuencia de un odio profundo hacia sí mismos que la sociedad de la competición generalizada logra instilar tarde o temprano a una buena parte de sus miembros. Por consiguiente, las reacciones contra la barbarie capitalista acaban siendo a menudo (¡aunque no siempre!) bárbaras ellas mismas, justificando así el recrudecimiento de las medidas represivas. Entonces puede parecer que el círculo nihilista se cierra sobre sí mismo, y que la idea de una «buena vida» se aleja para siempre.

Se ha dicho, muy acertadamente, que la economía actual nos lleva a una transformación progresiva de la humanidad en «residuos humanos» (Zygmunt Bauman).[3] Las incontables personas que viven hurgando en los montones de basura —no solo en el «tercer mundo»— señalan hacia dónde se encamina finalmente una humanidad que se ha consagrado al proceso de valorización del valor como exigencia suprema: la humanidad misma se torna superflua cuando ya no es necesaria para la reproducción del fetiche-capital. Hay cada vez más personas que ya no «sirven» para nada, ni siquiera para ser explotadas, mientras se les arrebata cualquier otro medio de subsistencia. Y los que todavía disponen de recursos hacen de ellos un uso pésimo. En estas circunstancias, no nos queda más remedio que repensar a fondo el proyecto de emancipación humana. Las viejas recetas sirven para poco en un mundo que ha cambiado tanto.

AÚN ANTES de que este libro pueda darse a las prensas, la realidad se ha apresurado a confirmar la teoría de la crisis. De improviso, todos los comentaristas están de acuerdo: lo que está pasando no es una simple turbulencia pasajera de los mercados financieros. Estamos efectivamente inmersos en una crisis que pasa por ser la peor desde la Segunda Guerra Mundial o desde 1929. Pero ¿quién tiene la culpa? ¿Y dónde encontrar la salida? La respuesta es casi siempre la misma: la «economía real» goza de buena salud; lo que está poniendo en peligro a la economía mundial son los mecanismos malsanos de unas finanzas que escapan de todo control. Entonces la explicación más expeditiva, que es también la más frecuente, atribuye toda la responsabilidad a la «avidez» de un puñado de especuladores que han jugado con el dinero de todos como si estuvieran en el casino. Pero reducir los arcanos de la economía capitalista, cuando esta anda mal, a los manejos de alguna conspiración de villanos es costumbre que viene de una tradición tan añeja como peligrosa. La peor de las salidas posibles sería señalar una vez más unos chivos expiatorios —sea la «plutocracia judía» u otra— a la ira del «pueblo honrado» de obreros y ahorradores.

Y no es mucho más serio oponer un «malvado» capitalismo «anglosajón», predador y sin límites, a un «buen» capitalismo «continental», que pasa por ser más responsable. Hemos visto finalmente que uno y otro no se distinguen sino por matices. Todos aquellos que reclaman ahora una «mayor regulación» de los mercados financieros, desde la asociación attac hasta el presidente francés Nicolas Sarkozy, no ven en las locuras de las bolsas más que un «exceso», una excrecencia en un cuerpo sano.

¿Y si el predominio del capital financiero, lejos de haber arruinado la economía real, la hubiese ayudado, por el contrario, a sobrevivir más allá de su fecha de caducidad? ¿Si hubiese concedido un último respiro a un cuerpo moribundo? ¿Por qué estamos tan seguros de que el propio capitalismo haya de escapar al ciclo de nacimiento, crecimiento y muerte? ¿No podría ser que contenga unos límites *intrínsecos* de su desarrollo, unos límites que no residen solamente en la existencia de un enemigo declarado (el proletariado, los pueblos oprimidos) ni en el agotamiento de los recursos naturales?

Actualmente vuelve a estar de moda citar a Karl Marx. Pero el filósofo alemán no habló solamente de la lucha de clases; previó también la posibilidad de que un día la maquinaria capitalista se detuviera por sí sola, que su dinámica se agotara. ¿Por qué? La producción capitalista de mercancías contiene, desde el inicio, una contradicción interna, una verdadera bomba de relojería colocada en sus mismos fundamentos. No se puede hacer fructificar el capital ni, por tanto, acumularlo, si no es explotando la fuerza de trabajo. Pero el trabajador, para que pueda generar beneficios para quien lo emplea, debe estar equipado de los instrumentos necesarios, y hoy en día de tecnologías punteras. De ahí resulta una carrera continua, dictada por la competición, por el empleo de las tecnologías. En cada ocasión particular, el primer empleador que recurre a una nueva tecnología sale ganando, ya que sus obreros producen más que los que no disponen de esas herramientas. Pero el sistema entero sale perdiendo, dado que las tecnologías reemplazan al trabajo humano. El valor de cada mercancía particular contiene, por tanto, una porción cada vez más exigua de trabajo humano, que es, sin embargo, la única fuente de plusvalía y, por tanto, de beneficio. El desarrollo de la tecnología reduce los beneficios en su totalidad. Durante un siglo y medio, sin embargo, la ampliación de la producción de mercancías a escala mundial pudo compensar esa tendencia a la disminución del valor de cada mercancía.

Desde los años setenta del último siglo, este mecanismo —que ya no era más que una huida hacia delante— ha quedado bloqueado. Paradójicamente, los aumentos de productividad posibilitados por la microelectrónica han llevado el capitalismo a la crisis. Hacían falta unas inversiones cada vez más exorbitantes para hacer trabajar a los pocos trabajadores que se mantenían a la altura de los niveles de productividad del mercado mundial. La acumulación real del capital amenazaba con detenerse. En este momento despega el «capital ficticio», como lo llama Marx. El abandono de la convertibilidad del dólar en oro, en 1971, eliminó la última válvula de seguridad, el último anclaje en la acumulación real. El crédito no es más que un anticipo sobre los beneficios que se esperan para el futuro. Pero cuando la producción de valor y, por tanto, de plusvalía por la economía real se estanca (lo cual no tiene nada que ver con un estancamiento de la producción de cosas; pero el capitalismo gira en torno a la producción de plusvalía, no de productos en tanto que valores de uso), solo los negocios financieros permiten a los propietarios de capital obtener los beneficios que se han vuelto imposibles de conseguir en la economía real. El auge del neoliberalismo, a partir de 1980, no fue una sucia maniobra de los capitalistas más ávidos, ni un golpe de Estado gestado con la ayuda de algunos políticos complacientes, como se empeña en creer la izquierda «radical» (que ahora tendrá que decidirse: o pasará a una crítica del capitalismo sin más, aunque ya no se proclame neoliberal, o bien participará en la gestión de un capitalismo emergente que incorpore una parte de las críticas de sus «excesos»). El neoliberalismo fue, por el contrario, la única manera posible de alargar un poco más la vida del sistema capitalista, cuyos fundamentos nadie —ni en la derecha ni en la izquierda— quería cuestionar seriamente. Gracias al crédito, muchas empresas y muchos individuos lograron conservar durante mucho tiempo una ilusión de prosperidad. Ahora esa muleta se ha roto también. Pero el retorno al keynesianismo, que se reclama en todas partes, será de todo punto imposible: no queda ya bastante dinero «real» a disposición de los Estados. Por el momento, los «responsables» han logrado aplazar un poco el *Mene, Tekel, Uparsin*, añadiendo otro cero a las delirantes cifras escritas en las pantallas, a las cuales no corresponde ya realidad alguna. Los préstamos que se han concedido recientemente para salvar las bolsas son diez veces superiores a los agujeros que hicieron temblar los mercados diez años atrás; pero la producción real (digamos, trivialmente, el Producto Interior Bruto) ha aumentado entre un 20 y un 30 %. El «crecimiento económico» ya no tenía ninguna base autónoma, sino que dependía de las burbujas financieras. Pero cuando esas burbujas hayan estallado, no habrá ningún «saneamiento» tras el cual todo pueda volver a empezar.

Tal vez no se llegará a un «viernes negro» como en 1929, a un «día del juicio». Pero hay buenas razones para suponer que estamos presenciando el fin de una larga época histórica: la época en que la actividad productiva y los productos no sirven para satisfacer necesidades, sino para alimentar el ciclo incesante del trabajo que valoriza el capital y del capital que emplea el trabajo. La mercancía y el trabajo, el dinero y la regulación estatal, la competición y el mercado: detrás de las crisis financieras que vienen repitiéndose desde hace veinte años, se perfila la crisis de todas esas categorías, las cuales —cosa que nunca se recuerda lo bastante— no forman parte de la existencia humana desde siempre ni en todas partes. Se han apoderado de la vida humana a lo largo de los últimos siglos y podrán evolucionar hacia algo diferente: algo mejor, o algo todavía peor.

Notas

1   Hasta ahora, el único texto de crítica del valor publicado en España en forma de libro es el *Manifiesto contra el trabajo* (Virus, Barcelona, 2002). La monografía *Guy Debord* de Anselm Jappe (cast. Anagrama, Barcelona, 1998) contiene varias referencias a la crítica del valor.

2   «Der Todestrieb der Konkurrenz. Amokläufer und Selbstmordattentäter als Subjekte der Krise» (2002), publicado, en traducción portuguesa, en *Folha de Sao Paulo*. El original alemán está disponible en la página www.exit-online.org.

3   Véase Zygmunt Bauman, *Vidas desperdiciadas. La modernidad y sus parias*, cast. Paidós, Buenos Aires, 2005 (N. del t.).

Nota sobre la procedencia de los textos

—Anselm Jappe, «El absurdo mercado de los hombres sin cualidades»: Texto publicado, con algunas modificaciones, como introducción al libro de Robert Kurz, *L'onore perduto del lavoro. Tre saggi sulla fine della modernità*, traducción italiana de Anselm Jappe y Maria Teresa Ricci, Manifestolibri, Roma, 1994. Primera publicación en castellano en *Mania* n.° 2, 1996.

—Robert Kurz, «Los intelectuales después de la lucha de clases. De la nueva aconceptualidad a un nuevo pensamiento crítico»: Versión abreviada de un artículo publicado originalmente en la revista de filosofía *Widerspruch* (Munich) n.° 22, 1992, y reproducido en el libro *Der Letzte macht das Licht aus. Zur Krise von Demokratie und Marktwirtschaft*, Tiamat, Berlín, 1993. Primera publicación en castellano en *Mania* n.° 2, 1996.

—Anselm Jappe, «Las sutilezas metafísicas de la mercancía»: Texto leído el 8 de mayo de 1998 en el simposio sobre *Il fascino discreto della merce*, celebrado en la sala Borromini de Roma. El texto original italiano se encuentra en la revista *Invarianti* (Roma) n.º 31, 1999. Primera publicación en castellano en *Mania* n.º 7, 2000.

—Robert Kurz, «Luces de progreso»: Texto extraído de la aportación del autor al volumen colectivo, publicado en colaboración con Ernst Lohoff y Norbert Trenkle, *Feierabend! Elf Attacken gegen die Arbeit*, Konkret Literatur Verlag, Hamburgo, 1999. Primera publicación en castellano en *Mania* n.º 8, 2001.

—Anselm Jappe, «*Sic transit gloria artis*. El "fin del arte" según Theodor W. Adorno y Guy Debord»: Primera publicación en italiano en *Iter* n.º 7, 1994, en alemán en *Krisis* n.º 15, 1995; texto definitivo (en francés) en Anselm Jappe, *L'Avantgarde inacceptable. Réflexions sur Guy Debord*, Lignes, París, 2004. Primera publicación en castellano en *Mania* n.º 1, 1995. —Claus Peter Ortlieb, «Objetividad inconsciente. Aspectos de una crítica de las ciencias matemáticas de la naturaleza»: Versión abreviada de un artículo publicado originalmente en *Krisis* n.º 21-22, 1998. Primera publicación en castellano en *Mania* n.º 7, 2000.

—Anselm Jappe, «¿Crítica social o nihilismo? El "trabajo de lo negativo" desde Hegel y Leopardi hasta el presente»: Conferencia pronunciada el 16 de abril de 1998 en Barcelona, en el xxxv Congreso de Jóvenes Filósofos, sobre «Occidente y el problema del nihilismo». Publicado en *Mania* n.° 4-6, 1999.

LAS REFERENCIAS a las versiones castellanas de los textos citados en este libro son del traductor; las citas de esas versiones han sido cotejadas, hasta donde nos fue posible, con los textos originales y, en su caso, debidamente corregidas o modificadas (N. del t.).

El absurdo mercado de los hombres sin cualidades

Anselm Jappe

EL CAPITALISMO ESTÁ TOCANDO a su fin. La prueba: el derrumbe de la Unión Soviética. Base del análisis: la «oscura» crítica del «valor» de un tal Karl Marx. ¿Serán la lucha de clases y la lucha por la democracia las que derrotarán al capitalismo? La lucha de clases no ha sido otra cosa que el motor del desarrollo capitalista y jamás podrá conducir a su superación. La democracia no es el antagonista del capitalismo sino su forma política, y ambos han agotado su papel histórico. El derrumbe de los regímenes del Este no significa el triunfo definitivo de la economía de mercado, sino un paso ulterior hacia el ocaso de la sociedad mundial de la mercancía.

Estas son algunas de las más audaces entre las tesis propuestas por Robert Kurz y el grupo que con él publica en Alemania la revista *Krisis*. Tal vez se trate del inicio de una auténtica revolución teórica; en todo caso, la confrontación con las ideas elaboradas por este grupo será fertilísima para todos aquellos que no ven en esta sociedad la última palabra de la historia y que se sienten insatisfechos con una crítica que se limita a arrastrar cansinamente unos conceptos cada vez más visiblemente superados. Partiendo de la intención de renovar la teoría marxista, Kurz y sus amigos se han embarcado en una verdadera aventura de la reflexión en cuyo transcurso han venido abandonando muchas de las venerables certezas de la izquierda. Pero a diferencia de otras tentativas de «revisión» de la teoría marxista, aquí no se va hacia el «realismo» o el reformismo, sino hacia un nuevo planteamiento de la crítica radical.

Mientras que en los trece voluminosos números de la revista *Krisis* (titulada inicialmente *Marxistische Kritik*) publicados desde 1986 se desarrolla colectivamente el trabajo más estrictamente teórico, Robert Kurz ha presentado a un público más amplio diversos análisis de la actual crisis económica y política a través de libros, artículos, conferencias y debates. Con los veinte mil ejemplares vendidos de *Der Kollaps der Modernisierung* («El colapso de la modernización»),[1] publicado en 1991 bajo la égida de H. M. Enzensberger, las teorías de *Krisis* han comenzado a suscitar un amplio eco en Alemania (y a menudo fueron las personas de procedencia no estrictamente marxista las que se mostraron más abiertas hacia los planteamientos de *Krisis*).

El punto de partida de sus análisis son los conceptos marxianos de «fetichismo» y «valor», en cuanto describen la transformación de la actividad humana concreta en algo tan abstracto y puramente cuantitativo como es el valor de cambio, encarnado en la mercancía y el dinero. El «fetichismo» no es, por tanto, solamente una ilusión o un fenómeno de conciencia sino una realidad: la autonomización de las mercancías que siguen solamente sus propias leyes de desarrollo. «Detrás» de la ciega procesualidad autorreferencial del valor no hay ningún sujeto que «hace» la historia. Pero a diferencia del estructuralismo, *Krisis* no cree que el «proceso sin sujeto» sea una ley fundamental e inalterable del existir, sino que lo concibe como un estadio histórico necesario pero transitorio.

En *Krisis* n.º 13 escribe Ernst Lohoff: «La actitud contemplativa y afirmativa con la que Hegel hace desarrollarse la realidad a partir del concepto del Ser es totalmente ajena a la descripción marxiana (del valor). En Marx, el "valor" no puede contener la realidad sino que la subordina a su propia forma y la destruye, destruyéndose en el mismo acto a sí mismo. La crítica marxiana del valor no acepta el "valor" como un dato de base positivo ni argumenta en su nombre, sino que descifra su existencia autosuficiente como apariencia. La realización en gran escala de la mediación en forma de mercancía no conduce al triunfo definitivo de esta sino que coincide con su crisis». En otras palabras: el «valor» contiene ya en su forma más esencial (descrita en el primer capítulo de *El Capital*) una contradicción irremediable que conduce inexorablemente, aunque sea al cabo de mucho tiempo, a su crisis final. Esta crisis está comenzando ante nuestros ojos.

Una consecuencia vistosa del reconocimiento de la lógica del valor como centro de todas las crisis es la crítica del «sociologicismo» y de la «ilusión acerca del sujeto». El desarrollo del capitalismo, con la disolución de todas las cualidades que parecían indisolublemente ligadas a las personas, tiende a desvincular las funciones —como «ser obrero» o «ser dirigente»— de los individuos empíricos; y *Krisis* acusa de «sociologicismo» a toda la izquierda que considera a los sujetos colectivos, como la burguesía y el proletariado, con sus intereses o su «avidez de ganancia», como actores de un sistema del que en verdad son solo el engranaje. En lugar de pretender desenmascarar los «verdaderos intereses» que se esconden «detrás» de los imperativos tecnológicos o de mercado, *Krisis* denuncia como raíz del mal precisamente la existencia de esos imperativos mismos, observando que actualmente no hay ninguna propuesta que vaya más allá de otra fórmula de redistribución cuantitativa o de la reivindicación de una mayor «justicia». Eso es, sin embargo, perfectamente inútil: pedir «precios justos» (por ejemplo, para el Tercer Mundo) es tan insensato como pedir una «presión atmosférica justa», porque significa dirigirse como a un sujeto a algo que no es sujeto. El verdadero escándalo es la transformación de un objeto concreto en una unidad de trabajo abstracto y luego en dinero.

Así el «adiós al proletariado» llega a ser definitivo: como grupo social basado en idénticas condiciones de trabajo, de vida, de cultura y de conciencia, el proletariado no fue el producto principal del capitalismo sino más bien un residuo feudal. Con su lucha por integrarse plenamente en la sociedad capitalista, el proletariado en verdad ha ayudado a esta a desplegarse y a alcanzar su plena realización. El movimiento obrero y sus ideologías no iban, en efecto, más allá del horizonte de la sociedad del valor y fueron un elemento central en la transformación de los individuos en meras «mónadas», en partículas formalmente iguales y libres.

Desde este punto de vista, las supuestas revoluciones de los países del Este y del Tercer Mundo, pero también el fascismo y el nazismo, se pueden interpretar como procesos de modernización tardíos y como intentos de reestructuración acelerada de dichos países conforme a las exigencias impuestas por la mercancía. *Krisis* no solo incluye en este juicio a todo el marxismo, aun en sus corrientes críticas, sino que también establece una distinción en el interior de la teoría de Marx mismo: el entero concepto de lucha de clases era en el fondo una teoría de la liberación del capitalismo de sus residuos precapitalistas, mientras que es en la teoría del valor y del fetichismo donde Marx anticipó una crítica que solo hoy adquiere verdadera actualidad.

Es inútil seguir exigiendo «más democracia»: la democracia, entendida como igualdad y libertad formales, ya está realizada y coincide con la sociedad de los hombres sin cualidades. Al igual que las mercancías, todos los ciudadanos son medidos por el mismo rasero; son porciones cuantitativas de la misma abstracción. El que luego todas las porciones sean iguales es imposible para las mercancías y, por consiguiente, también para la democracia capitalista. La tarea de hoy no es la realización de la «verdadera» democracia, siempre deformada por el capitalismo, sino la superación de ambos. *Krisis* considera inútil oponer los ideales de la Ilustración burguesa, como la igualdad y la libertad, a su mala realización, reconociendo ya en esos ideales mismos una estructura creada por el valor: el valor es siempre al mismo tiempo forma de conciencia, de producción y de reproducción.

El movimiento obrero ha confundido siempre el capitalismo con lo que no era más que una etapa determinada de su evolución. Las luchas de clases eran conflictos de intereses que se desarrollaban siempre dentro del horizonte de la sociedad de la mercancía y sin ponerla en cuestión. No podía ser de otra manera: el capitalismo se encontraba todavía en su fase ascendente y no había desplegado aún todos los potenciales que representarían un progreso efectivo respecto de los estadios precapitalistas. Si el fordismo señalaba su apogeo, es con la informatización que este desarrollo entra definitivamente en crisis, y no en un aspecto particular, sino en el más central, que es la contradicción insoportable entre el contenido material de la producción y la forma impuesta por el valor.

Este análisis ha llevado a *Krisis* a predecir la actual crisis de la economía mundial y a estar entre los primeros en sostener que la reunificación de las Alemanias no podía sino conducir al desastre. La urss, afirma *Krisis*, estaba plenamente integrada en el sistema mundial de la mercancía, pero no pudo resistir más a la concurrencia del mercado mundial a causa de la petrificación de las mismas estructuras de dirigismo gracias a las cuales había logrado inicialmente situarse entre los países avanzados, repitiendo a marchas forzadas aquel proceso de acumulación primitiva bajo la dirección estatal que los países occidentales habían atravesado en siglos anteriores de modo más lento y, por tanto, más «blando». Cuando la conciencia occidental se horrorizaba ante el «totalitarismo», no veía en verdad sino la imagen concentrada de su propio pasado.

El derrumbe de la urss no demuestra la superioridad de la economía de mercado, de la cual aquella formaba parte, sino que evidencia que esta es una carrera cuyo número de participantes se reduce constantemente, a causa de la necesidad de un empleo cada vez mayor de tecnologías para poder producir a un coste competitivo, y que los excluidos acaban en la miseria. La simultaneidad de la crisis económica y ecológica, así como el deslizamiento hacia una mezquina guerra civil mundial, resultan ser consecuencia del hecho de que unas capacidades productivas más elevadas que nunca deben pasar por el ojo de la aguja de la forma abstracta del valor y de la capacidad de transformarse en dinero. Ninguna estrategia que no apunte a la abolición de este estado de las cosas podrá conseguir un verdadero cambio. *Krisis* no alimenta, por tanto, ninguna esperanza respecto de las diversas opciones políticas que se encuentran actualmente en el mercado.

De la tesis de que hasta ahora toda la historia ha sido, más que historia de la lucha de clases, una historia de relaciones fetichistas, se sigue que hasta ahora no se ha podido formar ningún sujeto. No existe ningún polo positivo «en sí» —sea el proletariado, el Tercer Mundo, las mujeres o la vida del individuo— al que baste con llevar a apropiarse del mundo. El sujeto no se puede encontrar en el pasado, pero puede que nazca con la superación de la «segunda naturaleza» en que se ha transformado la sociedad.

El intento de leer la historia como una «historia de relaciones fetichistas», en la cual el valor sucedió a la tierra, al parentesco sanguíneo y al totemismo, en cuanto formas en las que se expresaba la potencia humana inconsciente de sí misma, desemboca en la afirmación de que esta «prehistoria» de la humanidad está tocando a su fin. Todas aquellas formas se han convertido en «segunda naturaleza», como instrumentos indispensables al hombre para diferenciarse de la naturaleza primera. Pero hoy en día es posible y aun necesario proceder a una «segunda humanización», esta vez consciente. Si son las relaciones fetichistas las que han hecho hasta ahora la historia y que creaban, junto a las relaciones de producción, también las formas de conciencia correspondientes, entonces ya no hace falta recurrir a sofisticadas teorías de la «manipulación» para explicar cómo las clases dominantes pudieron imponer a la mayoría durante milenios un sistema de explotación.

Notas

[1] Eichborn Verlag, Frankfurt, 1991. Hay traducción portuguesa: *O colapso da modernizaçao. Da derrocada do socialismo de caserna à crise da economia mundial*, Ed. Paz e Terra, Rio de Janeiro, 1993 (N. del t.).

[2] De Kurz se recuerdan además *Honeckers Rache* («La venganza de Honecker»), 1991, *Potemkins Rückkehr* («El retorno de Potemkin»), 1993, ambos sobre la imposibilidad de la «reunificación» alemana, y la colección de artículos *Der Letzte macht das Licht aus* («El último apaga la luz»), 1993, todos en Edition Tiamat, Berlín. Una serie de artículos de Peter Klein sobre la Revolución de Octubre, publicados en los números 3 a 6 de *Krisis*, ha sido reeditado como libro con el título *Die Illusion von 1917*, Ed. Horlemann, Unkel, 1992. Un volumen colectivo sobre «La democracia y sus extremistas de derechas» se ha publicado bajo el título *Rosemaries Babies*, Ed. Horlemann, Unkel, 1993.

Los intelectuales después de la lucha de clases

De la nueva aconceptualidad a un nuevo pensamiento crítico

Robert Kurz

LA ELABORACIÓN DE TEORÍAS de pretensiones explicativas ha pasado de moda. Cualquiera que ose expresar un pensamiento coherente, una tesis de crítica social, una reflexión que se sitúe por encima del nivel del césped de democracia y libre mercado, se hace sospechoso. El aparato teórico conceptual es visto como un incordio; se podría hablar casi de una desconceptualización de las ciencias humanas y sociales. El supuesto resurgimiento del pensamiento cínico forma parte de la fenomenología de una época que ha llegado al final de lo que fue hasta ahora historia de las teorías. Los «gruñidos y pedos en público de los seminarios de Sloterdijk» (*Der Spiegel*) se pueden interpretar, más que como un renacimiento de la filosofía, como síntoma de capitulación incondicional. Obviamente, tales síntomas se infiltran poco a poco en la rutina académica normal, cuyos tenues suspiros de desespero casi provocan compasión. Cualquier concepto, apenas formulado, se revoca en el mismo aliento con gestos masoquistas de relativización. El hábito del llamado «matizar», exacerbado hasta convertirse en una especie de conducta maniática, parece corroer los objetos sociales e históricos hasta hacerlos irreconocibles.

No se trata, obviamente, de aquella crítica del concepto que llevara a cabo Adorno en *Dialéctica Negativa*. Aquella crítica, que cabría llamar más bien heroica, conservaba aún la dignidad del pensamiento conceptual y estaba, por tanto, incondicionalmente vinculada a una crítica fundamental —aunque desesperada— de la sociedad. En este sentido, la *nueva aconceptualidad* actual no puede en absoluto reivindicar a Adorno, sino que debe tratarlo como al perro más muerto de todos. Adorno se hundió, por así decir, con las banderas desplegadas, mientras que los nuevos filósofos de la aconceptualidad solo izan la bandera blanca, esperando que el que fuera objeto de la crítica los convide a un plato de sopa boba. Por consiguiente, *la nueva aconceptualidad* no tiene otro significado que el deseo de rebajar la filosofía y la historia a objetos de uso capitalista.

Quienes llevan la voz cantante son, en cada vez mayor grado, los *yuppies* filosóficos. En este sentido, la filosofía sigue siendo «su época captada en pensamientos» (Hegel), ya que los *yuppies* filosóficos son el equivalente de los de la sociedad. El «dinero del espíritu» se halla en el mismo estado que el dólar, es decir, reducido a mero objeto de manipulaciones de ludópatas bursátiles, a desvencijada supraestructura crediticia al borde del derrumbe. En una economía global de casino, el espíritu se convierte en filosofía de casino para uso doméstico de la máquina dineraria automatizada. No es casual que el *face-lifting* «ético» de la economía de mercado se llame ahora «filosofía» al igual que ciertos productos cosméticos, las nuevas estrategias de *management* de empresas o el perfil de *marketing* de un consorcio empresarial. No carece de ironía que precisamente de este modo se derrumbe el viejo muro que separaba a la filosofía de la «vida» y al espíritu de la sociedad: se trata del universal impulso, esencial al capitalismo, de vender todo lo que sea vendible.

Con todo, los *yuppies* del espíritu dicen más de lo que saben —y más de lo que quieren decir— acerca del estado de la realidad social. Cuando, por ejemplo, Odo Marquardt ofrece su mercancía filosófica, guiñando el ojo a ejecutivos y políticos, como «competencia de compensación de incompetencias», señalando expresamente que también él tiene familia que mantener, eso raya en una crítica social medio involuntaria;

y cuando el filósofo de moda Gerd Gerken proclama: «Para tener éxito tienes que creer en algo, no importa en qué», cabría ver en tal declaración una bofetada sonora, aunque más bien involuntaria, en la cara de la total indiferencia y carencia de contenido; ni Adorno mismo hubiera podido asestarla más certeramente. Así que acaso merezca ser constatado que a partir de la involuntaria ironía con que se hace coincidir filosofía y «vida» podría desarrollarse, a espaldas de los protagonistas, la transición a una nueva distancia irónica tanto frente a la filosofía como frente a la «vida» capitalista.

Para eso harían falta, desde luego, nuevos conceptos o cuando menos un nuevo uso de los conceptos viejos, en resumen, una nueva teoría que reaccionara ante los cambios sociales y formulara una crítica de la sociedad que corresponda al nuevo terreno histórico. Y de eso se ve todavía muy poco [...].

El mundo científico no tiene traza de estar en condiciones de ofrecer una respuesta. Donde la vida académica no se reduce aún a «desierto cultural» (Enzensberger), los impulsos de investigación han rehuido el dilema teórico desviándose hacia la arqueología cultural [...]. Tales esfuerzos han producido resultados considerables, sobre todo en Francia, como *El niño y la vida familiar en el Antiguo Régimen* y *La muerte en Occidente* de Philippe Ariès, los trabajos sobre la Edad

Media de Jacques Le Goff y de Georges Duby, la *Historia de la vida privada* publicada por Ariès y Duby o la gran trilogía sociohistórica *Los orígenes de la economía mundial* de Fernand Braudel, obras de indudable importancia histórica y que recogen una ingente cantidad de materiales. Pero falta la síntesis de ese material en una historia crítica de la socialización occidental; falta la visión de conjunto que pueda conducir a una nueva valoración y a una nueva orientación frente a los problemas. Falta, en suma, el horizonte teórico de una crítica radical de la sociedad en el que se puedan integrar los resultados de los desvelos de los historiadores de la cultura. Aunque suene un poco descarado y arrogante, desde este punto de vista incluso a Foucault no se le puede interpretar siempre ni en todos los aspectos como a un teórico en sentido riguroso. También sus «arqueologías» de la sexualidad, de las instituciones y del saber son meritorias más por los materiales que sacan a la luz que por la reflexión propiamente teórica, que en última instancia aboca a la desorientación. La calma chicha que padece la teoría se ha convertido en problema crucial; la desmoralización del pensamiento amenaza con trocarse en parálisis.

Si la teoría, y sobre todo la de tipo académico, no se atreve ya a mostrarse en público sino andando de puntillas, tan lastimoso estado tal vez se deba a la muerte del marxismo. Por lo visto, el marxismo fue tan determinante para la elaboración teórica del siglo veinte que esta parece haber cesado con él. Con el desmoronamiento de los conceptos marxistas se desmorona la conceptualidad de la teoría en cuanto tal, porque el marxismo parecía ser la *Aufhebung* de la herencia de la filosofía, frente a la cual toda la elaboración conceptual posterior se definía por afinidad o rechazo. Ahora, en cambio, este punto de referencia, sea positiva o negativa, parece desvanecerse sin dejar rastro.

Se trata obviamente de gatos escaldados. El movimiento mundial de 1968 había llevado al marxismo senil del movimiento obrero a un falso resurgimiento tal que durante cierto período hasta el sociólogo más oportunista se veía obligado a escribir su tesis doctoral sobre la historia social de las guerras campesinas o las luchas de clases de la Valaquia del siglo xiv. Pero paralelamente a esa resurrección tardía y fantasmagórica, el estructuralismo (Althusser) y la teoría de sistemas estaban destripando ya el cuerpo teórico del marxismo y embalsamándolo para el entierro definitivo. Tras el derrumbe catastrófico del orden social que en su nombre se había construido, hoy ya ni siquiera se levanta un mausoleo [...].

Pero quizá el judío alemán Karl Marx, bastante acostumbrado ya a tales tribulaciones, haya sido enterrado esta vez con más precipitación que nunca. Los pensadores de la cautela, de espíritu quizá algo debilitado de tanto matizar, no hicieron el menor intento de matización al enterrar a toda prisa la teoría marxiana. Pero esta, al igual que toda teoría cargada de potencia histórica, no se agota en las lecturas de una sola época; ni tampoco constituye aquella totalidad cerrada por la que la tomaron tanto los buscadores de oro del arte de citar como los apresurados enterradores. Con el fin de una época, marcado por el hundimiento del socialismo de Estado, se extingue aquel momento de la teoría marxiana que estaba vinculado a esta época, pero que no agota a la teoría misma.

Tampoco se trataba simplemente de una derrota. Un pensamiento basado en una reflexión histórica que no se rebaje a etiquetar los grandes movimientos sociales y las formaciones político-económicas con los predicados «correcto» o «falso», «bueno» o «malo», se aproximará al problema más bien preguntando cuál es la *tarea* histórico-evolutiva que ha quedado concluida con esta ruptura de época. Solo tal preguntar podrá dejarnos intuir qué vendrá después y qué «toca» ahora. El concepto clave para semejante comprensión podrá ser lo que bajo el nombre de *modernización* lleva desde hace tiempo una existencia teórica más bien ambigua. Los marxistas solían contemplar este término con cierto recelo, ya que parecía encubrir el «contenido de clase» de toda interrogación teórica. Se suponía que la verdadera línea de ruptura transcurría entre el capitalismo burgués y el socialismo obrero; los conceptos de «modernidad» y «modernización» eran sospechosos de soslayar de modo colaboracionista la verdadera ruptura «de clases».

Un cuadro muy diferente resultará, sin embargo, si —frente a la efectiva ruptura histórica, que hoy contradice evidentemente toda concepción marxista corriente— invertimos esta argumentación, colocándola sobre los pies. Entonces «modernidad» y «modernización» ya no serían conceptos propios de una ideología (pequeño) burguesa de encubrimiento, sino la real *envoltura burguesa* dentro de la cual se desarrollan las «luchas de clases». Entonces, además, el carácter burgués sería el de la época misma, incluyendo a los supuestos antípodas del Capital. Dicho de otro modo: el capital mismo sería idéntico a la modernidad y su proceso de formación, en cuanto *forma social común* a las fracciones enfrentadas.

En este sentido, ni el socialismo estatalista del Este, ni el movimiento obrero occidental, ni los movimientos anticoloniales de liberación nacionalista del Sur, incluyendo a las corrientes más radicales, podrían calificarse ya de «anticapitalistas» sino en un sentido limitado. Dicho con más precisión: su anticapitalismo no se refería aún a la auténtica forma fundamental del Capital mismo sino únicamente a tal o cual capitalismo empírico dado, al que se tomaba por el capitalismo en cuanto tal, pero que en realidad solo era una fase aún inmadura del desarrollo de la modernidad burguesa. El marxismo de esa época no podía ser, por tanto, otra cosa que un marxismo burgués e inmanente de la modernización, porque él mismo formaba parte todavía de la historia de la conquista de la sociedad por el Capital. Y ese momento modernizador, encerrado dentro de la envoltura formal burguesa, se encuentra también a cada paso en la propia teoría marxiana.

Todo lo que aparece en Marx como incondicionalidad del «punto de vista obrero» y de la «lucha de clases», como retórica del «plustrabajo no pagado» y de la «explotación», pertenece todavía a la teoría capitalista del desarrollo, que refleja que el Capital no se ha encontrado aún a sí mismo. Se trata, en este sentido, de una teoría —y así fue interpretada— que apunta esencialmente a dos problemas inmanentes al Capital: primero, la crítica de los momentos patriarcales y estamentales dentro de las relaciones sociales capitalistas, es decir, la transformación de los trabajadores asalariados en sujetos dinerarios, jurídicos y estatales de pleno derecho; y segundo, la lucha distributiva bajo forma monetaria, en la que el carácter *relativo* del «valor de la mercancía fuerza de trabajo» (su momento histórico-«moral», como Marx decía a veces) se hace valer en el sentido de una normalización capitalista, de un «bienestar en el capitalismo», sea mediante convenios colectivos o mediante la redistribución estatal.

Este marxismo inmanente de la modernización se ha vuelto hoy efectivamente obsoleto, y no porque haya sido «erróneo», sino porque su tarea está acabada. El proceso de modernización tardía del Este y del Sur ha chocado con un límite absoluto; la conquista de la sociedad por las relaciones sociales capitalistas ha concluido cuando estas se han totalizado como forma social inmediatamente mundial en el *One World* de la producción de mercancías. Los trabajadores asalariados se han convertido en sujetos dinerarios y jurídicos burgueses de pleno derecho: más «libres» y más «iguales» imposible; y también el juego de la redistribución estatal ha llegado a un límite absoluto. La lucha de clases, que no fue sino el proceso de imposición *del Capital* en su pura lógica formal y abstracta contra el *capitalista* histórica y empíricamente limitado, ha tocado a su fin.

Los diversos enterradores de Marx y los nuevos amigos de la democracia y del mundo occidental de la mercancía extraen de eso la conclusión precipitada de que la crítica de la sociedad, por lo menos en su variante radical, ha quedado obsoleta y que la «sociedad mundial carente de alternativas» del Capital constituirá de ahora en adelante y por toda la eternidad el marco de todo hacer y pensar. Nada más lejos de la verdad: pues solo ahora aquel «otro» Marx oculto puede entrar en la escena histórica, aquel Marx «oscuro» y «esotérico» con el que no por azar el entero movimiento obrero no supo nunca qué hacer. Desde siempre el intento marxiano de trascender el Capital mediante la mera *absolutización* de la «clase obrera» (la «dictadura del proletariado») fue una construcción torcida, en cuanto intentaba erigir en totalidad a un momento particular inmanente al Capital mismo. Esa seudotrascendencia es debida enteramente a la teoría marxiana en cuanto mera teoría de la modernización, que trata de las clases y las relaciones sociales desde una falsa inmediatez *sociologicista*, sin que entre en el campo visual la *forma* social común de las mismas. Pero esta forma *es* el Capital. Es la forma de valor o de mercancía en cuanto tal que, a diferencia de su existencia embrionaria como forma marginal en las sociedades premodernas, en el Capital se ha desarrollado hasta convertirse en *forma total de la reproducción social*.

La crítica del marxismo obrero o de modernización nunca apuntó a esa forma misma, a la que concebía, por el contrario, como el fundamento insuperable de la sociedad en cuanto tal. El problema no era el «valor», esto es, la forma social de la mercancía, sino únicamente la «plusvalía» impuesta desde el exterior. En Marx mismo, en cambio, el plano inmanente de la teoría está continuamente relacionado con la crítica radical del valor *en cuanto* tal valor. El concepto de *fetichismo* es la categoría central de esta crítica, ascendiendo desde el fetiche-mercancía al fetiche-dinero, fetiche-Capital, fetiche-salario, fetiches del derecho y del Estado. En el fondo aquí *todas* las categorías sociales de la modernidad son objeto de crítica radical, mientras que la ideología burguesa, el marxismo incluido, se limitaba a su reivindicación positiva. Hallamos, por tanto, en Marx dos hilos argumentativos entrelazados pero, a pesar de ello, incompatibles uno con otro. Hoy se trata de desatar este nudo gordiano, sea desenmarañándolo poco a poco, sea a la manera clásica. El Marx de los obreros y de la lucha de clases decae, pero el crítico radical del fetichismo y de la forma-valor sigue en pie y solo ahora comienza a ser efectivo.

Hay que salir a tientas del laberinto de la modernidad, guiándonos por el tenue hilo de Ariadna de la crítica radical marxiana —aún forzosamente abstracta e incompleta— de la mercancía y del dinero. El concepto marxiano de fetichismo, una vez liberado del lastre del viejo marxismo del movimiento obrero, se podría ampliar —o hacer reconocible— mediante una crítica del propio *fetiche del trabajo*. El problema ya no es la «explotación» *en* la forma-valor, sino el *trabajo abstracto mismo*, esto es la utilización abstracta y empresarial del ser humano y de la naturaleza. El «trabajo» ha perdido toda dignidad; como terapia ocupacional, moderna construcción de pirámides, fetichismo del puesto de trabajo y producción destructiva, no sirve ya sino para asegurar, a un coste cada vez más ruinoso, la continuidad del sistema capitalista globalizado.

Esa propuesta teórica no agrada, obviamente, a los teóricos aún predominantes; más bien es recibida como una proposición indecente, como una especie de grosería o monstruosidad. No cabe esperar otra reacción de una conciencia cuya imaginación teórica se agota en el intento de seguir eternamente modernizando la modernidad, considerándola por siempre un «proyecto inconcluso» (Habermas). Se acusa, por consiguiente, a toda crítica de la modernidad de ser una de las consabidas plañideras reaccionarias que solo quieren volver a la premodernidad: volver de la socialización a la «comunidad», de la forma-mercancía a la economía natural de subsistencia, del derecho al despotismo, del mercado mundial al provincianismo. Pero no se trata de salir de la modernidad volviendo atrás sino avanzando. El dinero total ha producido el *One World*, y ahí no cabe ninguna vuelta atrás; pero solo era la muleta de la humanidad que ahora se tiene que arrojar. Hay que liberar este *mundo unificado* de la forma-mercancía, conservando a la vez su nivel civilizatorio, sus fuerzas productivas y sus conocimientos. Tal es, en escuetas palabras, la próxima tarea histórica, la que ahora «toca» y que el marxismo obrero había marginado y postergado a un supuestamente lejano futuro [...].

La crítica de las modernas dicotomías occidentales de individuo y sociedad, economía y política, precede a la superación práctica de las mismas; con lo cual se abre no solo la posibilidad de una re-historización de las formas de relaciones y «leyes» sociales antropologizadas y ontologizadas por el estructuralismo y la teoría de sistemas, sino también un acceso a la comprensión de todas las problemáticas contemporáneas.

Eso se puede demostrar, de modo ejemplar y central, para el caso de la relación entre los sexos, tema soslayado por el marxismo obrero y de modernización [...]. La relación occidental entre los sexos se rige por la forma-valor, es decir, el valor se halla constituido de modo sexual. Una sociedad de producción fetichista, basada en el trabajo abstracto, presupone «la *escisión* de un contexto de vida femenino» (Roswitha Scholz), es decir, la escisión de los momentos sensuales no monetarizables, y así constituye dos roles sexuales sociohistóricamente específicos: el hombre se convierte en representante del trabajo abstracto, la mujer en «ente natural domesticado» sobre el cual se descarga todo lo que no se deja reducir a la abstracción del valor.

De ahí deriva también la relación específicamente burguesa entre lo privado y lo público, que halla su culminación en la modernidad. La actividad de la mujer en un espacio privado (sexualidad, familia) que no se ajusta a la forma-valor es, previamente a todas las relaciones masculinas y abstractivas entre lo privado (dinero) y lo público (Estado), el presupuesto estructural e histórico del sistema productor de mercancías. Cuando la totalización de la forma-valor devora este su propio fundamento, transformando tendencialmente a la mujer en sujeto dinerario y estatal, no se está simplemente reivindicando la «igualdad» en el último terreno que falta, sino que salta por los aires toda la relación entre lo privado y lo público que corresponde a la forma-mercancía. En el nivel de una mera crítica de la «plusvalía» el problema ni siquiera se presenta; pero en la medida en que el valor en cuanto relación social toca a su límite, la relación entre los sexos se convierte en problema de crisis y remite a la crisis del valor en cuanto valor.

La clave de la crítica radical del valor podría abrir también un acceso al actual debate sobre la *orientación pragmática* y el *final de la utopía* [...]. También la utopía es una criatura típicamente occidental, producto de la relación de valor y sus escisiones. Así como el potencial desensualizador de la abstracción real de la forma-mercancía ha engendrado a «la mujer» como ser compensatorio, así ha producido también la «utopía» como música compensatoria de fondo que suena con estridencia a cada nuevo avance de la abstracción real del valor. Lo insoportable de la contradicción, cuando esta se manifiesta en la forma social de la alienación inherente a la forma-valor, produce, al divinizar esta contradicción propia, el deseo de una total *ausencia de contradicción*. Tal vez sea este el núcleo no solo del pensamiento utópico sino de la razón burguesa en cuanto tal.

Es cierto que el dogmatismo de la utopía se encuentra, como estructura dogmática, también en el pensamiento de Marx, pero solo en la medida en que se trata de un pensamiento *interno* a la forma-valor, esto es, de su pensamiento como teórico burgués de la modernización y, por tanto, como teórico del movimiento obrero: lo cual nos remite al dogmatismo esencial del pensamiento moderno e ilustrado, al dogmatismo objetivo de la razón burguesa en cuanto tal.

No carece de ironía que los nuevos anti-utopistas y enterradores de Marx, que acusan a éste de utopismo y a la utopía de implicar una concepción escatológica de la historia, hablen ahora ellos mismos del «fin de la historia» como supuesta eternización de la modernidad capitalista. [...]

La pretendida orientación pragmática escamotea su propia forma social. Un verdadero pragmatismo no podría ya someter el mundo sensible, los recursos sociales y las posibilidades de la ciencia a un principio racional único, dogmático y abstracto. El verdadero pragmatismo sería, por tanto, la revolución contra el valor y todas sus constituciones. Todo pensamiento sometido a la forma-mercancía sigue siendo, en cambio, *Weltanschauung*, contemplación del mundo a través del cristal deformador de la abstracción-valor. Los seudopragmatistas burgueses siguen en verdad al *dogmatismo real del dinero* y su autovalorización fetichista. En la praxis social, tal dogmatismo se convierte forzosamente en dictadura del estado de excepción, en declaración de guerra contra todos aquellos seres humanos que bajo la forma-mercancía totalizada ya no encuentran ninguna posibilidad de una vida digna. [...]

La economía de mercado y la democracia occidental, como formas fenoménicas del fetichismo moderno, ya no son prácticamente capaces de integrar a la inmensa mayoría de la humanidad. El fin del socialismo de Estado, que no fue sino una dictadura de modernización entre muchas, conduce, visiblemente y con elemental violencia, no a una revitalización de la democracia occidental, sino, por el contrario, a la irrupción galopante de la barbarie. Los acontecimientos de Yugoslavia constituyen una profecía de nuestro propio futuro.

Tal diagnóstico del estado de la teoría y de la sociedad suscita obviamente la pregunta por los potenciales de transformación. La praxis social debe pasar por una toma de conciencia teórica. Con la crisis y la crítica del sistema productor de mercancías cambia, desde luego, también la posición de la teoría misma. [...] La teoría que no debe celebrar ya ninguna «base de clase» sociologicista goza por fin de la libertad del «fuera de la ley», sabiéndose momento crítico de una crisis social de alcance mundial, sin tener que derivar de ello pretensiones respecto de la totalidad del mundo ni metafísica alguna de «fundamentación última». Pero la *nueva modestia* de la teoría ha de ser a la vez su nueva e inaudita radicalidad, y solo en eso es verdadera. La aparente modestia de los filósofos democrático-occidentales de la capitulación, en cambio, se desmiente a sí misma, pues en lugar de movilizar la radicalidad de la crítica contra las condiciones existentes moviliza, de modo sumamente inmodesto, la radicalidad de las condiciones capitalistas contra los seres humanos reales.

La teoría fuera de la ley no puede ya reivindicar ningún sujeto ontológico que no sea ella misma. Cuando se disuelven la ontología y la metafísica de la forma-mercancía y del trabajo abstracto, no cabe ya superar la crisis mediante la transformación de un sujeto-en-sí, inconscientemente presente ya desde siempre dentro de su particularidad capitalista, en un sujeto-para-sí del trabajo total. La sociedad se debe aún constituir conscientemente en aquel nivel en donde hasta ahora no había sujeto alguno sino la forma ciega y fetichista de la «abstracción real» (Sohn-Rethel). La teoría fundamenta esa constitución consciente precisamente porque no puede reivindicar ya ningún «interés» inmanente a la forma-mercancía, sino que ayuda a movilizar el «interés» sensible contra la abstracción real misma. Los gérmenes de ese movimiento están presentes ya prácticamente en la sociedad, como crítica social, ecológica y feminista. Esas formas de crítica práctica ya no son un «en-sí/para-sí» ontológico del trabajo, sino momentos prácticos del movimiento de superación del valor. El momento teórico anda aún rezagado y debe superar su atraso.

El cambio del lugar de la teoría hay que entenderlo también en sentido literal. [...] No hay por qué prorrumpir en lamentos pesimistas acerca del porvenir de la cultura cuando se reducen las subvenciones para proyectos de investigación que de todos modos en su mayor parte son o bien absurdos o bien constituyen un peligro público; ni merecen demasiada compasión aquellos universitarios que sobreviven, por mero apego empedernido a su respetabilidad profesional estamentista, ocupando plazas repartidas o provisionales que les proporcionan unos ingresos equivalentes a las ayudas de asistencia social. Más probable parece que de aquellos intentos un poco extravagantes de establecerse, por ejemplo, con un «consultorio filosófico», como una especie de dentista intelectual o taller de bricolaje para pensadores aficionados, puedan surgir algunos nexos innovadores —además de otros más bien grotescos— entre la filosofía y la «vida».

En general, sin embargo, no cabe esperar que la ciencia venida a menos, como rama institucional de la modernidad burguesa, ataque sus propios fundamentos y lleve a cabo por sí misma el próximo paso histórico del pensamiento, pasando a la crítica radical de la forma-mercancía. También la ciencia en cuanto tal está constituida conforme a la forma-mercancía y debe ser superada en cuanto tal, no retrocediendo hacia el mito, sino avanzando hacia terrenos desconocidos. El que no se la tome ya en serio es el primer paso en la dirección justa; en esa situación radica la justificación relativa de las propuestas de Paul Feyerabend y de Hans Peter Duerr.

No se deberían malentender estas observaciones como expresión de un resentimiento antiacadémico. Tampoco es ninguna vergüenza que alguien se haya licenciado o doctorado y se busque la vida trabajando en la universidad. Pero, en el fondo, ¿qué hay de lamentable en la *americanización* de la posición social de los universitarios? En las nuevas conexiones forzosas entre «vida» y filosofía reside también la posibilidad de una nueva *capacidad de distanciamiento*. Así como la ciencia presupone una distancia frente a sus objetos, así la superación de la constitución fetichista de la ciencia presupone una meta-distancia frente a la ciencia misma. Si, a decir de Joseph Beuys y Andy Warhol, todos somos artistas, entonces ya nadie lo es. Y lo mismo vale para la ciencia.

A medida que la capacidad de abstracción se masifica, la sociedad fetichista de la abstracción real se encamina a la disolución. La «proletarización» de los intelectuales va unida a la «desproletarización» de la sociedad, lo cual señala lo cuestionable de las conceptualizaciones sociologicistas. La proporción de «hijos de obreros» entre los estudiantes está disminuyendo, pero más rápidamente aún disminuye la proporción de «obreros» entre la población total. En el año 1986 hubo por primera vez en la rfa más alumnos que terminaban el *abitur* (bachillerato) que la enseñanza básica, y en 1991 hubo por primera vez más estudiantes universitarios que aprendices de oficios: lo cual supone la *reductio ab absurdum* de todo amorío de lucha de clases con la etiqueta de «intelectuales y clase obrera». Cuando los «intelectuales» mismos se convierten en «pueblo», ya no son intelectuales ni el pueblo es pueblo. La crisis del trabajo abstracto, que presupone una «clase» y un «pueblo» correspondientes, se expresa en la existencia social de los intelectuales, al igual que la crisis de contenidos de la ciencia es a la vez su crisis institucional.

El foco de innovación teórica no puede ya surgir —si es que pudo alguna vez— dentro del comercio intelectual oficial. La nueva meta-distancia frente a la ciencia misma, apoyada en la «vida» real de una intelectualidad masificada, superada-y-realizada (*aufgehoben*), podría tal vez producir la capacidad de recargar el acumulador del pensamiento crítico. No es en una rígida oposición «contra» la ciencia, sino desde una posición *oblicua* respecto a esta que ha de surgir un discurso crítico de la modernidad capitalista que seleccione las intervenciones según unos criterios distintos de los de la maquinaria científica burguesa. La «inutilidad de hacerse adulto» (Koch/Heinzen), así como el descubrimiento de la falta de sentido de los criterios de éxito capitalistas, tal vez ayude a la teoría fuera de la ley, a la crítica radical del valor, más de lo que quisieran admitir actualmente los administradores de la industria intelectual.

Las sutilezas metafísicas
de la mercancía

Anselm Jappe

MI INTERVENCIÓN SERÁ BASTANTE distinta de las otras que aquí se lean.[1] Presentarse a un debate sobre la mercancía para polemizar contra la existencia misma de la mercancía puede parecer tan sensato como acudir a un congreso de físicos para protestar contra la existencia del magnetismo o de la gravedad. Por lo general, la existencia de mercancías suele considerarse un hecho enteramente natural, por lo menos en cualquier sociedad medianamente desarrollada, y la sola cuestión que se plantea es qué hacer con ellas. Se puede afirmar, desde luego, que hay gente en el mundo que tiene demasiadas pocas mercancías y que habría que darles un poco más, o que algunas mercancías están mal hechas o que contaminan o que son peligrosas. Pero con eso no se dice nada contra la mercancía en cuanto tal. Se puede desaprobar ciertamente el «consumismo» o la «comercialización», esto es, pedirle a la mercancía que se quede en su sitio y que no invada otros terrenos como, por ejemplo, el cuerpo humano. Pero tales observaciones tienen un sabor moralista y además parecen más bien «anticuadas», y estar anticuado es el único crimen intelectual que aún existe. Por lo demás, las raras veces que parezca ponerse en tela de juicio la mercancía, la sociedad moderna se precipita a evocar las fechorías de Pol Pot, y se acabó la discusión. La mercancía ha existido siempre y siempre existirá, por mucho que cambie su distribución.

Si se entiende por mercancía simplemente un «producto», un objeto que pasa de una persona a otra, entonces la afirmación de la inevitabilidad de la mercancía es sin duda verdadera, pero también un poco tautológica. Esta es, sin embargo, la definición que ha dado toda la economía política burguesa después de Marx. Si no queremos contentarnos con esa definición, hemos de reconocer en la mercancía una forma específica de producto humano, una forma especial que solo desde hace algunos siglos —y en buena parte del mundo, desde hace pocos decenios— ha llegado a ser predominante en la sociedad. La mercancía posee una estructura particular, y si analizamos a fondo los fenómenos más diversos, las guerras contemporáneas o las quiebras de los mercados financieros, los desastres hidrogeológicos de nuestros días o la crisis de los Estados nacionales, el hambre en el mundo o los cambios en las relaciones entre los sexos, hallamos siempre en el origen la estructura de la mercancía. Conste que eso es consecuencia del hecho de que la sociedad misma lo ha reducido todo a mercancía; la teoría no hace más que tomar nota de ello.

La mercancía es un producto destinado desde el principio a la venta y al mercado (y no cambia gran cosa que sea un mercado regulado por el Estado). En una economía de mercancías no cuenta la utilidad del producto, sino únicamente su capacidad de venderse y de transformarse, por mediación del dinero, en otra mercancía. Por consiguiente, solo se accede a un valor de uso por medio de la transformación del propio producto en valor de cambio, en dinero. Una mercancía en cuanto mercancía no se halla definida, por tanto, por el trabajo concreto que la ha producido, sino que es una mera cantidad de trabajo indistinto, abstracto; es decir, la cantidad de tiempo de trabajo que se ha gastado en producirla. De eso deriva un grave inconveniente: no son los hombres mismos quienes regulan la producción en función de sus necesidades, sino que hay una instancia anónima, el mercado, que regula la producción *post festum*. El sujeto no es el hombre, sino la mercancía en cuanto sujeto automático. Los procesos vitales de los hombres quedan abandonados a la gestión totalitaria e inapelable de un mecanismo ciego que ellos alimentan pero no controlan. La mercancía separa la producción del consumo y subordina la utilidad o nocividad concretas de cada cosa a la cuestión de cuánto trabajo abstracto, representado por el dinero, esta sea capaz de realizar en el mercado. La reducción de los trabajos concretos a trabajo abstracto no es una mera astucia técnica ni una simple operación mental. En la sociedad de la mercancía, el trabajo privado y concreto solo se hace social, o sea útil para los demás y, por ende, para su productor, a trueque de despojarse de sus cualidades propias y de hacerse abstracto. A partir de ahí, solo cuenta el movimiento cuantitativo, es decir, el aumento del trabajo abstracto, mientras que la satisfacción de las necesidades se convierte en un efecto secundario y accesorio que puede darse o no. El valor de uso se transforma en mero portador del valor de cambio, a diferencia de lo que sucedía en todas las sociedades anteriores. Aun así, siempre debe haber un valor de uso; hecho éste que constituye un límite contra el que choca constantemente la tendencia del valor de cambio, del dinero, a incrementarse de manera ilimitada y tautológica. La mejor definición del trabajo abstracto, después de la de Marx, fue dada nada menos que por John Maynard Keynes, aunque sin la menor intención crítica: «Desde el punto de vista de la economía nacional, cavar agujeros y luego llenarlos es una actividad enteramente sensata».

Tal vez la mercancía y su forma general, el dinero, hayan tenido alguna función positiva en los inicios, facilitando la ampliación de las necesidades. Pero su estructura es como una bomba de relojería, un virus inscrito en el código genético de la sociedad moderna. Cuanto más la mercancía se apodere del control de la sociedad, tanto más va minando los cimientos de la sociedad misma, volviéndola del todo incontrolable y convirtiéndola en una máquina que funciona sola. No se trata, por tanto, de apreciar la mercancía o de condenarla: es la mercancía misma la que se quita de en medio, a largo plazo, y tal vez no solo a sí misma. La mercancía destruye inexorablemente la sociedad de la mercancía. Como forma de socialización indirecta e inconsciente, esta no puede menos que producir desastres.

Este proceso en que la vida social de los hombres se ha trasferido a sus mercancías es lo que Marx llamó el fetichismo de la mercancía: en lugar de controlar su producción material, los hombres son controlados por ella; son gobernados por sus productos que se han hecho independientes, lo mismo que sucede en la religión. El término «fetichista» ha entrado en el lenguaje cotidiano, y a menudo se dice de alguien que es un fetichista del automóvil, de la ropa o del teléfono móvil. Este uso del término «fetichista» parece vincularse, sin embargo, más bien al sentido en que lo usaba Freud, a saber, el de conferir a un mero objeto un significado emotivo derivado de otros contextos. Aunque los objetos de tales fetichismos sean mercancías, parece poco probable que ese «fetichismo» cotidiano sea lo mismo que el «fetichismo de la mercancía» de Marx. Por un lado, porque resulta más bien difícil admitir que la mercancía en cuanto tal, y no solo algunas mercancías particulares, pueda ser entre nosotros, los modernos, objeto de un culto parangonable al que los llamados salvajes rendían a sus tótems y a sus animales embalsamados. El amor excesivo a ciertas mercancías es solo un epifenómeno del proceso por el cual la mercancía ha embrujado la entera vida social, porque todo lo que la sociedad hace o puede hacer se ha proyectado en las mercancías.

Pero también aquellos a quienes la mercancía no debería parecerles tan «normal», es decir, los presuntos marxistas, se han mostrado poco dispuestos a reconocerse como salvajes. Tal renitencia se vio coadyuvada por el hecho de que el «fetichismo de la mercancía» y sus derivados —dinero, capital, interés— ocupa en la obra de Marx un espacio cuantitativamente muy reducido, y no se puede decir que él mismo lo haya colocado en el centro de su teoría. Además, la definición marxiana del fetichismo, como toda su teoría del valor y del trabajo abstracto, es tremendamente difícil de entender; lo cual no se debe, por cierto, a que Marx fuera incapaz de expresarse, sino al hecho de que, como él mismo dice, la paradoja de la realidad se expresa en paradojas lingüísticas. El desdoblamiento de todo producto humano en dos aspectos, el valor de cambio y el valor de uso, determina casi todos los aspectos de nuestra vida y, sin embargo, desafía nuestra comprensión y el sentido común, quizá un poco como la teoría de la relatividad. Era difícil hacer del fetichismo un discurso para masas, como se hizo con la «lucha de clases» o la «explotación». Además, el análisis marxiano del fetichismo indicaba una especie de núcleo secreto de la sociedad burguesa, núcleo que solo poco a poco ha venido haciéndose visible; durante casi un siglo, la atención permaneció fijada en los efectos secundarios de la forma-mercancía, tales como la explotación de las clases trabajadoras. No en vano utiliza Marx, cuando habla del carácter de fetiche de la mercancía, en pocas páginas los términos «arcano», «sutileza metafísica», «caprichos teológicos», «misterioso», «extravagancias admirables», «carácter místico», «carácter enigmático», «*quid pro quo*», «forma fantasmagórica», «región nebulosa», «jeroglíficos», «forma extravagante», «misticismo», «brujería» y «hechizo». El fetichismo es el secreto fundamental de la sociedad moderna, lo que no se dice ni se debe revelar. En eso se parece a lo inconsciente; y la descripción marxiana del fetichismo como forma de inconsciencia social y como ciego proceso autorregulador muestra interesantes analogías con la teoría freudiana. No sorprende, por tanto, que el fetichismo, al igual que el inconsciente, emplee toda su sutileza metafísica y toda su astucia de teólogo para no darse a conocer. Durante mucho tiempo, tal ocultamiento no le fue muy difícil: criticar el fetichismo habría implicado poner en tela de juicio todas las categorías que incluso los presuntos marxistas y los críticos de la sociedad burguesa había interiorizado por completo, considerándolos datos naturales de los cuales solo podía discutirse el más o el menos, el cómo y, sobre todo, el «para quién», pero sin cuestionar su existencia en sí: el valor, el trabajo abstracto, el dinero, el Estado, la democracia, la productividad. Solo cuando la lucha por la distribución de esos bienes había conducido, durante el periodo de posguerra, a una situación de equilibrio en el *welfare state* fordista, resultó posible colocar en el centro de la atención la mercancía en cuanto tal y los desastres que produce.

Después de Marx, durante muchos decenios, y a pesar de las aportaciones de Lukács, de Isaac Rubin[2] y algunos otros, todo análisis del fetichismo quedó diluido en la categoría mucho más vasta e indeterminada de «alienación»; con lo cual el fetichismo se convertía en un fenómeno de la conciencia, en una falsa opinión o valoración de las cosas que de algún modo se podía relacionar con la tan discutida «ideología». Solo durante la segunda mitad de los años sesenta el concepto de fetichismo, el análisis de la estructura de la mercancía y del trabajo abstracto llegaron a ocupar un lugar destacado en la discusión, sobre todo en Alemania y en Italia.

Un efecto mayor y más duradero alcanzó, sin embargo, en los años sesenta la Internacional Situacionista, con su crítica integral de la vida moderna y su proclamación de una «revolución de la vida cotidiana». Hasta el día de hoy, a los situacionistas se los ha entendido mal deliberadamente, tomándolos por un simple movimiento artístico-cultural; y en su libro principal, *La sociedad del espectáculo* de Guy Debord, se ha querido ver a menudo una simple crítica de los *mass media*. Pero en verdad se trata de una solidísima teoría social que ahonda sus raíces precisamente en la crítica de la estructura de la mercancía. Debord denuncia la economía autonomizada y sustraída al control humano, la división de la sociedad en esferas separadas como política, economía y arte, y arriba a una crítica del trabajo abstracto y tautológico que remodela la sociedad conforme a sus propias exigencias. «Todo lo que se vivía directamente se ha alejado en una representación», se lee al inicio de *La sociedad del espectáculo*: en lugar de vivir en primera persona, contemplamos la vida de las mercancías. Debord dice también: «El espectáculo no canta a los hombres y sus armas, sino a las mercancías y sus pasiones» (§ 66). Sin necesidad de asistir a largos seminarios marxológicos, había redescubierto y actualizado toda la crítica marxiana del fetichismo de las mercancías.

No se trataba de una teoría libresca como otras muchas: la revuelta del Mayo de París, de la cual los situacionistas habían sido en cierto modo los precursores intelectuales, fue también la primera revuelta moderna que no se hizo en nombre de reivindicaciones económicas o estrechamente políticas, sino que nació más bien de la exigencia de una vida diferente, autónoma y liberada de la tiranía del mercado, del Estado y de su raíz común, la mercancía. En 1968 temblaron los Estados del Este al igual que los del Oeste, los sindicatos y los propietarios, la derecha y la izquierda: en otras palabras, las diversas caras de la sociedad de la mercancía. Y nadie supo estar tan a la altura de aquella rebelión como los situacionistas.

Debord lo había predicho en 1967: «En el momento en que la sociedad descubre que depende de la economía, la economía depende, de hecho, de ella...

Ahí donde estaba el Ello económico debe advenir el Yo... Su contrario es la sociedad del espectáculo, donde la mercancía se contempla a sí misma en un mundo por ella creado» (§§ 52-53). El inconsciente social, el Ello del espectáculo, sobre el que se funda la actual organización social, tuvo por tanto que movilizarse para tapar esta nueva grieta que se había abierto justamente en el momento en que el orden dominante se creía más seguro que nunca. Entre las medidas que tomó el inconsciente económico hallamos también las tentativas de neutralizar la crítica radical de la mercancía que había encontrado su más alta expresión en los situacionistas. Reducir a la mansedumbre a Debord mismo era imposible, a diferencia de cuanto ocurrió con casi todos los demás «héroes» de 1968. Y su teoría no dejaba margen al equívoco: «El espectáculo es el momento en que la mercancía ha conseguido la ocupación total de la vida social», se lee en el § 42 de *La sociedad del espectáculo*. Pero a los brujos de la mercancía les quedaba otra posibilidad: fingir que hablaban el lenguaje de la crítica radical, aparentemente incluso de manera un poco más extrema y audaz todavía, pero en verdad con intenciones y contenidos opuestos. El que nuestra época prefiere la copia al original, como dice Debord citando a Feuerbach, resulta ser verdadero también respecto a la crítica radical misma.

Según Debord, el espectáculo es el triunfo del parecer y del ver, donde la imagen sustituye a la realidad. Debord menciona la televisión solo a modo de ejemplo; el espectáculo es para él un desarrollo de aquella abstracción real que domina a la sociedad de la mercancía, basada en la pura cantidad. Pero si estamos inmersos en un océano de imágenes incontrolables que nos impiden el acceso a la realidad, entonces parece más atrevido todavía que se diga que esa realidad ha desaparecido del todo y que los situacionistas fueron aún demasiado tímidos y demasiado optimistas, ya que ahora el proceso de abstracción ha devorado a la realidad entera y el espectáculo es hoy en día aún más espectacular y más totalitario de cuanto se había imaginado, llevando sus crímenes al extremo de asesinar a la realidad misma. Los discursos «posmodernos» que irradiaron de la Francia de los años setenta se sirvieron generosamente de las ideas situacionistas, naturalmente sin citar una fuente tan poco decorosa, aunque en absoluto la ignoraban, incluso por vía de ciertas trayectorias personales. Como decía ya en 1964 Asger Jorn: «A Debord no es que se le conozca mal; es que se le conoce como el mal». No se trataba, sin embargo, solamente del consuetudinario autoservicio intelectual sino de una verdadera estrategia encaminada a neutralizar una teoría peligrosa mediante su exageración paródica. Los posmodernos, al aparentar que iban aún más allá de la teoría situacionista, en verdad la convirtieron en lo contrario de lo que era. Una vez se confunda el espectáculo, que es una formación histórico-social bien precisa, con el atemporal problema filosófico de la representación en cuanto tal, todos los términos del problema se vuelven del revés sin que se note demasiado.

Criticar las teorías posmodernas resulta difícil debido a su carácter auto-inmunizador que hace imposible toda discusión, transformando sus afirmaciones en verdades de fe ante las cuales solo cabe creer o no creer. Pero sí cabe decir algo acerca de su función, acerca del *cui bono*, observando así la sutileza metafísica que despliega la mercancía para defenderse. Al leer los textos posmodernos se nota que, si bien no citan casi nunca a los situacionistas, el término «espectáculo» o «sociedad del espectáculo» se encuentra con frecuencia, y que tales textos, sean de 1975 o de 1995, muy a menudo dan la impresión de no ser otra cosa que respuestas a las tesis de Debord. De él toman los posmodernos las descripciones de un espectáculo que se aleja progresivamente de la realidad; pero las retoman en un plano puramente fenomenológico, sin buscar jamás una causa que vaya más allá de dar por supuesto un impulso irresistible e irracional que empuja a los espectadores hacia el espectáculo. Antes bien se condena cualquier búsqueda de explicaciones.

Cuando leemos que «la abstracción del "espectáculo", aun para los situacionistas, no fue nunca sin apelación. Su realización incondicional, en cambio, sí lo es... El espectáculo aún dejaba sitio para la conciencia crítica y la desmitificación... Hoy estamos más allá de toda desalienación»,[3] entonces está claro para qué sirven las referencias posmodernas al espectáculo: para anunciar la inutilidad de toda resistencia al espectáculo.

Esa supuesta desaparición de la realidad, que se presenta pomposamente como una verdad incómoda y aun como una revelación terrible, en verdad es lo más tranquilizador que puede haber en estos tiempos de crisis. Si el carácter tautológico del espectáculo, denunciado por Debord, expresa el carácter automático de la economía de la mercancía que, sustraída a todo control, anda locamente a la deriva, entonces hay efectivamente mucho que temer. Pero si los signos, en cambio, solo se refieren a otros signos y así seguido, si jamás se encuentra el original de la copia infiel, si no hay valor real que deba sostener, aunque sin lograrlo, el cúmulo de deudas del mundo, entonces no hay absolutamente ningún riesgo de que lo real nos alcance. Los pasajeros del Titanic pueden quedarse a bordo, como dice Robert Kurz, y la música sigue sonando. Entonces cabe fingir también que se está pronunciando un juicio moral radicalmente negativo acerca de tal estado de las cosas; pero tal juicio queda en mero perifollo cuando ninguna contradicción del ámbito de la producción logra ya sacudir ese mundo autista. Y, sin embargo, es justamente en el terreno de la producción que se halla la base real de la fascinación que ejerce el «simulacro»: en el sistema económico mundial que, gracias a esas contradicciones de la mercancía de las que no se quiere saber nada, ha tropezado con sus límites económicos, ecológicos y políticos; un sistema que se mantiene con vida solo gracias a una simulación continua. Cuando los millones de billones de dólares de capital especulativo «aparcados» en mercados financieros, o sea todo el capital ficticio o simulado, vuelva a la economía «real», se verá que el dinero especulativo no era tanto el resultado de una era cultural de la virtualidad (más bien lo contrario es cierto) como una desesperada huida hacia delante de una economía en desbandada. Detrás de tantos discursos sobre la desaparición de la realidad, no se esconde sino el viejo sueño de la sociedad de la mercancía de poder liberarse del todo del valor de uso y los límites que este impone al crecimiento ilimitado del valor de cambio. No se trata aquí de decidir si esa desaparición del valor de uso, proclamada por los posmodernos, es positiva o no; el hecho es que es rigurosamente imposible, aunque a muchos les parezca deseable. Que no exista sustancia alguna, que se pueda vivir eternamente en el reino del simulacro: he aquí la esperanza de los dueños del mundo actual. Corea del Sur e Indonesia son los epitafios de las teorías posmodernas.

Pero el haber descrito los procesos de virtualización y habérselos tomado en serio constituye también el momento de verdad que contienen las teorías posmodernas. Como mera descripción de la realidad (a su pesar) de los últimos decenios, esas teorías se muestran a menudo superiores a la sociología de inspiración marxista. Supieron denunciar con justeza la fijación de los marxistas en las mismas categorías capitalistas como el trabajo, el valor y la producción; y así parecían colocarse, por lo menos en los inicios, entre las teorías radicales que mayormente recogieron el legado de 1968. Pero luego acaban siempre hablando de los verdaderos problemas solo para darles respuestas sin origen ni dirección. En los *Comentarios sobre la sociedad del espectáculo*, de 1988, Debord compara ese tipo de crítica seudo-radical a la copia de un arma a la que solo falta el percutor.[4] Al igual que las teorías estructuralistas y postestructuralistas, los posmodernos comprenden el carácter automático, autorreferencial e inconsciente de la sociedad de la mercancía, pero solo para convertirlo en un dato ontológico, en lugar de reconocer en ello el aspecto históricamente determinado, escandaloso y superable de la sociedad de la mercancía.

Como se ve, no es fácil sustraerse a la perversa fascinación de la mercancía. La crítica del fetichismo de la mercancía es la única vía que hoy se halla abierta a una comprensión global de la sociedad; y afortunadamente semejante crítica se está formulando. De ese proceso forman parte el creciente interés por las teorías de los situacionistas, y por las de Debord en particular, así como la labor de la revista alemana *Krisis* y el eco que está empezando a hallar también en Italia.[5] Durante largo tiempo, la mercancía nos engañó presentándose como «una cosa trivial y obvia». Pero su inocencia ha pasado, porque hoy sabemos que es «una cosa embrolladísima, llena de sutileza metafísica y caprichos teológicos». Y todos los rezos de sus sacerdotes serán incapaces de salvarla de la evidencia de su condena.

Notas

1   El presente texto fue leído el 8 de mayo de 1998 en el simposio sobre *Il fascino discreto della merce*, celebrado en la Sala Borromini de Roma. El texto original italiano se encuentra en el n.º 31 de la revista *Invarianti*, de Roma.

2   *Ensayos sobre la teoría marxista del valor* (1924), trad. cast. Pasado y Presente, Buenos Aires, 1974.

3   Jean Baudrillard, *Le Crime parfait*, Galilée, París, 1995, pp. 47-48, cit. según *Lignes* (París), n.º 31, mayo de 1997, p. 132 (trad. cast. *El crimen perfecto*, Anagrama, Barcelona, 1996; 3ª ed. 2000).

4   Trad. cast. *Comentarios sobre la sociedad del espectáculo*, Anagrama, Barcelona, 1999, p. 88 (N. del t.).

5   Sobre la aportación teórica de la revista *Krisis*, véanse en *Mania* n.º 2 los artículos de A. Jappe, «El absurdo mercado de los hombres sin cualidades» (pp. 39-43) y R. Kurz, «Los intelectuales después de la lucha de clases» (pp. 45-54). Ambos incluidos en este volumen. (N. del t.).

Luces de progreso

Robert Kurz

Sabido es que la historia de la modernización abunda en metáforas de la luz. El sol radiante de la razón ha de penetrar las tinieblas de la superstición y hacer visible el desorden del mundo, para organizar por fin la sociedad conforme a unos criterios racionales. Pero esa supuesta razón es en verdad el irracionalismo social de la «economía separada». En este contexto, la «luz de la Ilustración» no es en modo alguno un mero símbolo alojado en el reino del pensamiento, sino que posee un sólido significado socio-económico.

En cierto modo, la modernización ha convertido efectivamente «la noche en día». En Inglaterra, país pionero de la industrialización, el alumbrado de gas se introdujo ya a principios del siglo XIX y pronto se difundió por toda Europa. Hacia finales del siglo XIX la luz eléctrica sustituyó a las lámparas de gas. Naturalmente se podría decir que eso suponía un ensanchamiento de las posibilidades humanas, con tal que el alumbrado artificial se utilizara para fines libremente elegidos, empleándose o no según las necesidades y por libre acuerdo. Pero justamente eso es lo que no interesa a la totalización capitalista de la luz. La eliminación de la noche ha llegado a hacerse ubicua y permanente, a pesar de que la medicina ha demostrado desde mucho ha que provoca daños físicos y psíquicos. ¿Por qué esa inmensa iluminación planetaria, que hoy en día ha llegado hasta los últimos rincones del mundo?

El desenfrenado ímpetu del modo de producción capitalista no puede tolerar en principio ningún tiempo que permanezca «a oscuras»; pues las horas de oscuridad son también las horas del descanso, de la pasividad y la contemplación. El capitalismo requiere, por el contrario, la expansión de sus actividades hasta los últimos límites físicos y biológicos. En términos de tiempo, esos límites están determinados por la rotación de la Tierra sobre su propio eje, o sea por las veinticuatro horas del día astronómico, que tiene un lado luminoso (vuelto hacia el sol) y otro oscuro. El capitalismo propende a convertir en totalidad el lado activo y solar, ocupando el día astronómico entero. El lado nocturno es un estorbo para esa tendencia. La producción, la circulación y la distribución de las mercancías deben funcionar a todas las horas sin interrupción.

Ese proceso es análogo a la transformación de las medidas del espacio. El sistema métrico fue introducido en 1795 por el régimen de la Revolución francesa y se difundió con la misma rapidez que el alumbrado de gas. Las medidas espaciales que tomaban por referencia el cuerpo humano (pies, codos, etc.) se reemplazaron por la medida abstracta del metro, que se supone equivalente a la cuarentamillonésima parte del meridiano terrestre. Esa unificación abstracta de las medidas del espacio correspondía a la cosmovisión mecanicista de la física newtoniana, que a su vez inspiró las teorías mecanicistas de la moderna economía de mercado, analizada y preconizada por Adam Smith. La imagen del universo y de la naturaleza como una sola y gigantesca máquina armonizaba con la máquina económica universal del Capital, y las medidas abstractas del espacio y del tiempo se convirtieron en forma común de la máquina universal física y la económica, tanto del universo como de la producción «separada» de mercancías.

Solo gracias al tiempo continuo de la astronomía se hizo posible prolongar el día del trabajo abstracto hasta altas horas de la noche, devorando las horas de descanso. Solo así se logró separar el tiempo abstracto de las cosas y circunstancias concretas. El marxismo, con su apego a la Razón ilustrada, prestó escaso interés a esas cuestiones; de modo que quedó para los ideólogos conservadores la tarea de tratar a su manera el tiempo abstracto de la modernidad, siempre en un contexto que era cualquier cosa menos emancipador: así, por ejemplo, Ernst Jünger en su *Libro del reloj de arena*.[1] Pero justamente el interés de la emancipación social requiere tematizar el problema del tiempo abstracto, separado de las circunstancias efectivas de la vida, y compararlo con otras formas de tiempo que apenas conocemos ya, para formarnos una idea de la impertinencia descarada que es el tiempo capitalista.

La mayor parte de los instrumentos antiguos de medición del tiempo, como las clepsidras y los relojes de arena, no indicaban «qué hora es», sino que se ajustaban a quehaceres concretos, señalándoles el «tiempo justo», de manera tal vez comparable a aquellos relojitos de cocer huevos de hoy en día, que indican mediante una señal acústica cuándo el huevo está pasado y cuándo está duro. Aquí la cantidad de tiempo no es abstracta sino que está orientada por una cualidad determinada. El tiempo astronómico del trabajo abstracto, en cambio, es independiente de toda cualidad, permitiendo, por ejemplo, que el inicio de la jornada laboral se fije «a las seis de la mañana», con entera independencia de las estaciones del año y los ritmos del cuerpo.

De ahí que la época el capitalismo sea también el tiempo de los «despertadores», o sea aquellos relojes que con una señal estridente arrancan del sueño a los seres humanos para empujarlos hacia los «lugares de trabajo» iluminados por luces artificiales. Una vez el inicio de la jornada laboral se había adelantado a las horas de madrugada, también resultó posible postergar, a la inversa, el término de la misma hasta que fuera de noche cerrada. Esa transformación tiene también un lado estético. Así como la racionalidad abstracta de la economía empresarial en cierto modo «desmaterializa» el entorno, en tanto que fuerza a la materia y sus vínculos a someterse a los criterios de rentabilidad, así también lo desdimensiona y desproporciona. Si los edificios antiguos a veces nos parecen más bellos y más acogedores que los modernos, y si luego observamos que aquellos, en comparación con los edificios «funcionalistas» de hoy, parecen mostrar además ciertas irregularidades, eso se debe a que sus medidas son las del cuerpo humano y que sus formas a menudo se ajustan al paisaje circundante. La arquitectura moderna emplea, por el contrario, las medidas astronómicas del espacio y unas formas «descontextualizadas», desgajadas del entorno. Lo mismo vale para el tiempo. También la arquitectura moderna del tiempo es una arquitectura desproporcionada y descontextualizada. No solo el espacio se ha vuelto feo, sino también el tiempo.

En el siglo XVIII y a principios del XIX, la intromisión del tiempo astronómico abstracto en los quehaceres vitales aún se experimentaba como tortura. Durante largo tiempo, la gente se resistió desesperadamente al trabajo nocturno que la industrialización llevaba consigo. Se juzgaba una verdadera inmoralidad trabajar antes del amanecer o después de la puesta del sol. Cuando los artesanos medievales alguna vez tuvieron que trabajar de noche para cumplir a tiempo con algún encargo, había que agasajarlos con opíparas viandas y abonarles un sueldo principesco. El trabajo nocturno era una rara excepción. Una de las grandes conquistas del capitalismo es haber convertido la tortura del tiempo en medida normal de la actividad humana.

En ese punto, nada ha cambiado desde los inicios del capitalismo. Todo lo contrario, el llamado trabajo por turnos ha venido generalizándose cada vez más a lo largo del siglo xx. Con unas jornadas de dos o incluso tres turnos, se procura que las máquinas, hasta donde sea posible, funcionen sin parar, sin más interrupción que unas breves pausas para el ajuste, el mantenimiento y la limpieza. Asimismo los horarios de tiendas y grandes almacenes se aproximan al límite de las veinticuatro horas. En los Estados Unidos y muchos otros países no hay horario comercial establecido por ley, y en los letreros de muchos comercios se lee: «Abierto las veinticuatro horas». Desde que la tecnología microelectrónica de las comunicaciones ha globalizado la circulación dineraria, la jornada financiera de cada hemisferio enlaza sin solución de continuidad con la del otro. «Los mercados financieros no duermen nunca», reza la publicidad de un banco japonés.

Las luces de la Razón ilustrada son la iluminación de los turnos de noche. A medida que se totaliza la competición en los mercados anónimos, el imperativo social y externo se transforma en compulsión interior del individuo. El sueño y la noche se convierten en enemigos, pues quien duerme pierde oportunidades y se halla indefenso ante los ataques de los demás. El sueño de los hombres de la economía de mercado es breve y ligero como el de las fieras, y tanto más cuanto más aspiran al «éxito». Incluso hay seminarios para ejecutivos en los que se enseñan técnicas de minimización del sueño. Las escuelas de *self-management* afirman con toda seriedad que «el *businessman* ideal no duerme nunca», ¡igual que los mercados financieros!

La expropiación del tiempo

En la Antigüedad y la Edad Media, la cantidad de tiempo destinada a la producción era, pese a su nivel técnico inferior, mucho más reducida que bajo el capitalismo. De las reglas monásticas de la primera Edad

Media, que, como precursoras que fueron de la moderna disciplina de trabajo, contenían ya elementos de un tiempo abstracto, se desprende el sorprendente hecho de que para la mortificación por el trabajo raras veces se preveían más de seis o siete horas diarias: ¡así que en aquel entonces se juzgaba un acto piadoso de penitencia y mortificación lo que hoy en día los sindicatos de unos pocos ramos y países triunfadores del mercado mundial están celebrando como la mayor conquista de la «reducción de la jornada laboral»!

Los modernos «estudios sobre el ocio» registran con asombro que «entre los pueblos agrarios primitivos y en la Antigüedad, los días de descanso sumaban a menudo la mitad del año... Incluso los esclavos y artesanos que realizaban trabajos asalariados no estaban sometidos al trabajo con tal intensidad como cabría suponer desde el punto de vista moderno... A mediados del siglo IV, en la República romana se contaban nada menos que 175 días de descanso».[2] Solo en la gloriosa modernidad los tiempos festivos han venido reduciéndose cada vez más para ensanchar el espacio-tiempo del trabajo.

Ese afán absurdo pretende romper a la fuerza hasta los límites del día astronómico. Así, en el Japón se está experimentado con toda seriedad, por lo que parece, con una jornada de veintiocho horas: «El día sigue teniendo solo veinticuatro horas, que no alcanzan para todo lo que hay que hacer. Pero ¿por qué veinticuatro horas? La respuesta habitual es: porque la rotación de la Tierra tarda veinticuatro horas, lo cual determina el ritmo del día y de la noche. Pero ¿qué importancia tiene eso realmente para nuestra vida hoy en día?... Así por lo menos razona Sports Train, la empresa japonesa que acaba de lanzar al mercado "Montu", el primer reloj para el día de veintiocho horas... Los empresarios sacarán buena tajada de eso, pues con días de veintiocho horas economizarían un día entero por semana; y en efecto, "Montu" prevé la semana de seis días».[3]

Se comprende que con las experiencias del siglo xx se haya desvanecido poco a poco, junto al viejo movimiento obrero, también la utopía socialista del trabajo. Los seres humanos capitalistas intentan refugiarse cada vez más en una utopía individualizada del tiempo libre. Pero también ahí los está esperando ya el mismo capitalismo que desde hace mucho ha colonizado el tiempo de ocio como mero complemento del tiempo de trabajo.

El tiempo libre no es tiempo liberado sino un espacio funcional secundario del capital. No se trata de un ocio libre sino de un tiempo funcionalizado al servicio del consumo permanente —y sumamente fatigoso— de mercancías. De manera que la industria de la cultura y del ocio va formando nuevas esferas de trabajo; por otra parte, el propio tiempo libre acaba siendo asimilado al tiempo de trabajo. El hombre capitalista de hoy es trabajador no solo cuando está ganando dinero sino también cuando lo gasta.

Asimismo la contradicción de este modo absurdo de producción y de vida —que en el pasado se manifestaba también como contradicción subjetiva, como protesta contra las impertinencias— se ha objetivado casi enteramente y solo se muestra ya como realidad del desempleo. Y éste, en efecto, está creciendo a escala mundial de manera dramática. Así la contradicción insoportable solo se vuelve visible ya en sentido negativo. El desempleo bajo el capitalismo ni siquiera es tiempo libre sino únicamente tiempo de pobreza. No se invalida el principio del trabajo sino la existencia de quienes no lo tienen. El trabajo de los parados consiste en el penoso deber de buscar otro trabajo, azuzados y humillados por la administración burocrática del trabajo y de la pobreza.

Desde que la utopía del tiempo libre ha fracasado no menos vergonzosamente que la utopía del trabajo, la protesta salvadora solo podría ya consistir en el rechazo del entero sistema de referencias, liberándose de la prisión de las categorías capitalistas. Un retorno a la sociedad agraria premoderna no es posible ni deseable. El análisis histórico solo puede tener el sentido de sacar a la luz el grotesco contrasentido del hecho de que todo el inmenso desarrollo de las fuerzas productivas de la modernidad no haya servido para otra cosa que la erradicación casi total del ocio libre. Solo se puede ya atacar el capitalismo atacando el trabajo mismo.

Para ello conviene consultar una vez más a Marx; pero a aquel Marx «oscuro» al que los marxistas del trabajo siempre han pasado por alto: «El "trabajo" es por esencia la actividad carente de libertad, inhumana y asocial, cuya condición y cuyo resultado es la propiedad privada. La superación de la propiedad privada, por tanto, solo será realidad cuando se la conciba como superación del "trabajo"».

Notas

1   Jünger, E., *El libro del reloj de arena*, trad. cast. de P. Giralt, Argos Vergara, Barcelona, 1985.

2   Opaschowski, H.W., *Einführung in die Freizeitwissenschaft*, Opladen, 1997, pp. 25s.

3   Coulmas, F., «Montu bis Satsun», *Wirtschaftswoche*, Dusseldorf, n.° 10, 1999.

Sic Transit Gloria Artis

El «fin del arte» según Theodor W. Adorno y Guy Debord

Anselm Jappe

HOY EN DÍA ES difícil eludir la idea de que el «fin del arte», proclamado a los cuatro vientos y con no menos fervor rechazado durante los años sesenta, se haya por fin producido, aunque con cierto disimulo: *«not with a bang, but with a whimper»* (T.S. Eliot). Durante más de cien años, la evolución del arte se identificó con la sucesión ininterrumpida de innovaciones formales y de «vanguardias» que ensanchaban cada vez más las fronteras de la creación. Pero tras un último período de esplendor —al menos aparente— que llega hasta principios de los años setenta, no se ha impuesto ya ninguna nueva tendencia vanguardista, sino que se ha observado únicamente la repetición de elementos fragmentarios, aislados y desvirtuados, del arte del pasado. La sospecha de que el arte moderno esté agotado empieza a cundir incluso entre quienes durante largo tiempo la habían rechazado decididamente. Lo menos que se puede decir es que desde hace decenios no se ha visto nada comparable a las revoluciones formales del período de 1910 a 1930. Cuestión opinable es, ciertamente, si hoy se producen todavía obras de valor o no; pero difícilmente se hallará quien vea aún en el arte de los últimos años la «manifestación sensible de la idea» o, cuando menos, una expresión tan consciente y concentrada de su época como fueron la literatura, las artes visuales y la música de las primeras décadas del siglo.

Por otra parte, la crisis de las vanguardias tampoco ha provocado aquella «vuelta atrás» que anhelaban sus detractores. Parece, pues, que es el arte en su conjunto lo que está en crisis, sea en lo relativo a la innovación de la forma, sea en su capacidad de expresión consciente de la evolución social. Resulta cada vez más evidente que no se trata de un estancamiento transitorio ni de una mera crisis de inspiración, sino que estamos, cuando menos, ante el fin de un cierto tipo de relación entre el arte y la sociedad que ha durado más de un siglo. Por supuesto que se continúa escribiendo y publicando textos, pintando y exponiendo cuadros y experimentando con formas supuestamente nuevas como el video o la *performance*, pero eso no nos autoriza a considerar la existencia del arte tan incuestionable como la del oxígeno, como parece creer la estética contemporánea. ¿No será la continuación actual de la producción artística un anacronismo superado por la evolución efectiva de las condiciones sociales?

Entre 1850 y 1930, el arte vanguardista y formalista fue, más que elaboración de nuevas formas, un proceso de destrucción de las formas tradicionales; cumplía una función eminentemente crítica. Trataremos de demostrar que esa función crítica estaba vinculada a una fase histórica durante la cual se venía imponiendo la organización social basada en el valor de cambio. El triunfo completo del valor de cambio y su crisis actual han reducido a la ineficacia a los sucesores de las vanguardias; no les conceden ya función crítica alguna, sean cuales sean sus intenciones subjetivas.

Nos centraremos en un análisis comparativo de las aportaciones de Theodor W. Adorno y de Guy Debord, autor de *La sociedad del espectáculo* (1967) y principal teórico de los situacionistas;[1] es decir, dos de los más señalados exponentes de una crítica social centrada en el análisis de la alienación, término por el cual no se entiende un vago descontento frente a la «vida moderna», sino el antagonismo entre el ser humano y las fuerzas por él mismo creadas que se le oponen como seres independientes. Se trata de la transformación de la economía de medio en fin, fundada en la oposición entre el valor de cambio y el valor de uso; de lo cual deriva la subordinación de la cualidad a la cantidad, de los fines a los medios, de los seres humanos a las cosas y, en fin, un proceso histórico que obedece únicamente a las leyes de la economía y escapa a todo control consciente.[2] Tanto Adorno como Debord aplican al análisis del arte moderno el concepto de contradicción entre el uso posible de las fuerzas productivas y la lógica de la autovalorización del capital. Ambos ven en el arte moderno —y precisamente en sus aspectos formales— una oposición a la alienación y a la lógica del intercambio.

A pesar de ello, Adorno y Debord representaban, en los años sesenta, dos posturas diametralmente opuestas respecto del «fin del arte». Aquél defendía el arte contra quienes pretendían «superarlo» a favor de una intervención directa en la realidad y contra los partidarios de un arte «comprometido», mientras que Debord anunciaba, por las mismas fechas, que había llegado el momento de realizar en la vida misma lo que hasta entonces solo se había prometido en el arte, concibiendo, sin embargo, la negación del arte, mediante la superación de su separación de los demás aspectos de la vida, como una continuación de la función crítica del arte moderno. Para Adorno, por el contrario, es precisamente el hecho de que el arte esté separado del resto de la vida el que garantiza dicha función crítica. Trataremos de explicar por qué los dos autores llegan, pese a su punto de partida común, a conclusiones tan opuestas; veremos que también Adorno se ve abocado, a pesar suyo, a la tesis del agotamiento del arte.

Empecemos por considerar el lugar central que ocupa el «intercambio» en el análisis de la alienación desarrollado por nuestros autores. Debord denomina «espectáculo» precisamente a la «economía que se desarrolla para sí misma» y que ha «sometido total- mente» a los seres humanos (*SdE* § 16),[3] por lo cual «las mismas fuerzas que se nos han escapado se nos muestran en todo su poderío» (*SdE* § 31). En esta for- ma suprema de la alienación, la vida real se halla cada vez más privada de cualidad y dividida en actividades fragmentarias y separadas entre sí, mientras las imá- genes de esta vida se separan de ella y forman un con- junto. Ese conjunto —el espectáculo en el sentido más estricto— adquiere una vida independiente: como en la religión, las actividades y las posibilidades de los individuos y de la sociedad aparecen como separadas de los sujetos, solo que no se sitúan ya en un más allá sino en la Tierra. El individuo se encuentra apartado de todo cuanto le concierne y puede relacionarse con ello solo por la mediación de imágenes elegidas por otros y falseadas de manera interesada. El fetichismo de la mercancía descrito por Marx era la transformación de las relaciones humanas en relaciones entre cosas; ahora estas se transforman en relaciones entre imágenes. La degradación de la vida social desde el ser al tener se prolonga en la reducción al parecer (*SdE* § 17), con lo cual el ser humano se convierte en un simple espectador que contempla pasivamente, sin poder intervenir, la acción de unas fuerzas que en verdad son las suyas. El espectáculo es la manifestación más reciente del poder político, que, aun siendo «la especialización social más antigua» (*SdE* § 23), solo durante los últimos decenios ha adquirido una tal independencia que está en condiciones de someter la entera actividad social. En el espectáculo, donde la economía transforma el mundo en mundo de la economía (*SdE* § 40), «se cumple absolutamente [...] el principio del fetichismo de la mercancía» (*SdE* § 36) y la mercancía accede a la «ocupación total de la vida social» (*SdE* § 42). La generalización de la mercancía y del intercambio significa «la pérdida de la cualidad, tan evidente a todos los niveles del lenguaje espectacular» (*SdE* § 38); la abstracción de toda cualidad específica, base y consecuencia del intercambio, se traduce «perfectamente en el espectáculo, cuyo modo de ser concreto es precisamente la abstracción» (*SdE* § 29).[4]

También Adorno denuncia implacablemente «la dominación universal del valor de cambio sobre los seres humanos, que impide a priori a los sujetos ser sujetos y rebaja la subjetividad misma a mero objeto» (*DN* 180). «Todos los momentos cualitativos son apisonados» (*DN* 92) por el intercambio, que «mutila» todo.[5] El intercambio es «el mal fundamento de la sociedad en sí» y «el carácter abstracto del valor de cambio va unido, antes de toda estratificación social particular, a la dominación de lo universal sobre lo particular y de la sociedad sobre sus miembros [...]. En la reducción de los seres humanos a agentes y portadores del intercambio de mercancías se esconde la dominación de unos seres humanos sobre los otros [...]. El sistema total tiene esta forma: todos deben someterse a la ley del intercambio si no quieren perecer».[6] El carácter de fetiche que adquiere la mercancía «invade como una parálisis todos los aspectos de la vida social».[6a] Mientras el valor de uso se «atrofia» (*TE* 298), lo que se consume es el valor de cambio en cuanto tal (*TE* 37).

El espectáculo, en tanto que hace un amplio uso de elementos como el cine, el deporte o el arte, se parece en buena medida a la «ideología cultural» que Adorno y Horkheimer tuvieron ocasión de describir en su fase de formación. Una comparación detallada de esos dos conceptos parece útil, pues evidenciará no solo su actualidad sino también las afinidades entre dos concepciones que fueron elaboradas de manera independiente en lugares y épocas muy distintos.[8] Según Debord, el espectáculo, en cuanto «ideología materializada», ha reemplazado a todas las ideologías particulares (*SdE* § 213); según la *Dialéctica de la Ilustración*, el poder social se expresa mucho más eficazmente en la industria cultural, aparentemente exenta de ideología, que en las «ideologías desfasadas» (*DI* 164).

El contenido de la industria cultural no es la apología explícita de tal o cual régimen político presuntamente intachable, sino la incesante presentación de lo existente como único horizonte posible. «A fin de demostrar la divinidad de lo real no se hace más que repetirlo cínicamente y sin cesar. Tal prueba fotológica no es concluyente, pero sí apabullante» (*DI* 178). Para Debord, el espectáculo «no dice más que eso: "Lo que aparece es bueno, lo que es bueno aparece". La actitud que por principio exige es esa aceptación pasiva que de hecho ha obtenido ya [...] a través de su monopolio de la apariencia» (*SdE* § 12); doce años después, constata que el espectáculo no promete ya ni eso, sino que se limita a decir: «Es así».[9] La industria cultural no es el resultado «de una ley evolutiva de la tecnología en cuanto tal» (*DI* 148), así como «el espectáculo no es un producto necesario del desarrollo técnico visto como un desarrollo natural» (*SdE* § 24). Al igual que la industria cultural «lo condena todo a la semejanza» (*DI* 146), el espectáculo constituye un proceso de banalización y homogeneización (*SdE* § 165). Adorno y Horkheimer pronto se dieron cuenta de que «en el capitalismo avanzado, el ocio es la prolongación del trabajo» (*DI* 165), que reproduce los ritmos del trabajo industrial y que inculca «la obediencia a la jerarquía social» (*DI* 158). Según Debord, el «polo de desarrollo del sistema» se desplaza cada vez más «hacia el no-trabajo, la inactividad. Pero esa inactividad no se halla en absoluto liberada de la actividad productora» (*SdE* § 27). La industria cultural es el lugar donde la mentira puede reproducirse a placer (*DI* 163); el espectáculo aquél en donde «el mentiroso se miente a sí mismo» (*SdE* § 2). En el espectáculo incluso «lo verdadero es un momento de lo falso» (*SdE* § 9); en la industria cultural, las afirmaciones más evidentes, como la de que los árboles son verdes o que el cielo es azul, se convierten en «criptogramas de chimeneas de fábrica y gasolineras», es decir, en figuras de lo falso (*DI* 179). El espectáculo es una verdadera «colonización» de la vida cotidiana (*IS* 6/22), de manera que ninguna necesidad puede satisfacerse sino a través de su mediación (*SdE* § 24); Horkheimer y Adorno describen cómo ya en los años cuarenta los comportamientos más cotidianos y las expresiones más vitales, tales como el tono de voz en las diversas circunstancias o la manera de vivir las relaciones sentimentales, procuran adaptarse a los modelos impuestos por la industria cultural y la publicidad (*DI* 200). La industria cultural, más que publicidad de unos productos en particular, lo es del conjunto de las mercancías y de la sociedad en cuanto tal; fácilmente puede pasar de la publicidad de detergentes a la propaganda de algún líder (*DI* 185-192). El espectáculo es a su vez un «catálogo apologético» de la totalidad de las mercancías (*SdE* § 66). La política se convierte en una mercancía más entre las otras, y «tanto Stalin como la mercancía pasada de moda son denunciados por los mismos que los impusieron» (*SdE* § 70).

Tanto la industria cultural como el espectáculo se fundan sobre la identificación del espectador con las imágenes que se le proponen, equivalente a la renuncia a vivir en primera persona. Quien no gana el viaje prometido como premio del concurso, debe conformarse con las fotografías de los países que podría haber visitado (*DI* 178); el cliente debe siempre «contentarse con la lectura del menú» (*DI* 168). Las imágenes invaden la vida real hasta el punto de confundir las dos esferas, haciendo creer «que el mundo exterior es la simple prolongación del que se presenta en la película» (*DI* 153). Eso corresponde a la observación de Debord de que «la realidad vivida es materialmente invadida por la contemplación del espectáculo» (*SdE*

§ 8), y aquella otra según la cual, si «el mundo real se transforma en meras imágenes» (por ejemplo, un país en fotografías), «las meras imágenes se convierten en seres reales» (*SdE* § 18): la realidad como prolongación del cine. Adorno escribió —¡en 1952!— que la televisión permite «introducir subrepticiamente en la copia del mundo todo aquello que se considere oportuno para el mundo real», puesto que «enmascara la alienación real entre los seres humanos y entre ellos y las cosas. La televisión se convierte en sucedáneo de una inmediatez social que es denegada a los seres humanos»,[10] lo cual anticipa casi literalmente los análisis de Debord.

Salta a la vista en qué se distinguen ambos de los numerosos autores de aquel período que reflexionaron, con mayor o menor sutileza, acerca de los mismos fenómenos, bautizándolos «sociedad de consumo» o «cultura de masas». Debord y Adorno reconocen en lo que describen una falsa forma de cohesión social, una ideología tácita apta para crear un consenso alrededor del capitalismo occidental, un método para gobernar una sociedad y, en fin, una técnica para impedir que los individuos, que están tan maduros para la emancipación como el estado de las fuerzas productivas, tomen conciencia de ello.[11] La infantilización de los espectadores no es un efecto secundario del espectáculo o de la industria cultural, sino la realización de sus objetivos antiemancipatorios: según Adorno, el ideal de la industria cultural es «rebajar el nivel mental de los adultos al de niños de once años»,[12] según Debord, en el espectáculo «la necesidad de imitación que experimenta el consumidor es precisamente la necesidad infantil» (*SdE* § 219).

Pese a esos paralelismos, Debord y Adorno discrepan completamente en lo que se refiere al papel del arte. Debord afirmó desde principios de los años cincuenta que el arte estaba ya muerto y que debía ser «superado» por una nueva forma de vida y de actividad revolucionaria, a la que correspondería preservar y realizar el contenido del arte moderno. La explicación del hecho de que el arte no puede ya desempeñar el importante papel que le incumbió en el pasado se encuentra en los parágrafos 180-191 de *La sociedad del espectáculo*, donde Debord expone la contradicción fundamental del arte: en la sociedad dominada por las escisiones, el arte tiene la función de representar la unidad perdida y la totalidad social. Pero como la idea de que una parte de la totalidad pueda ponerse en lugar de la totalidad es obviamente contradictoria, también lo es la cultura cuando se convierte en una esfera autónoma. Precisamente en tanto que debe suplir lo que falta a la sociedad —el diálogo, la unidad de los momentos de la vida—, el arte debe negarse a cumplir el papel de mera imagen de ello. La sociedad había relegado la comunicación a la cultura, pero la disolución progresiva de las comunidades tradicionales —desde el ágora hasta los barrios populares— impulsó al arte a constatar la imposibilidad de la comunicación. El proceso de destrucción de los valores formales, desde Baudelaire hasta Joyce y Malevitch, expresaba la negativa del arte a ser el lenguaje ficticio de una comunidad ya inexistente, pero también la necesidad de reencontrar un lenguaje común de verdadero diálogo (*SdE* § 187). El arte moderno culmina y concluye con Dadá y los surrealistas, contemporáneos del «último gran asalto del movimiento revolucionario proletario» (*SdE* § 191) que intentaron, si bien con procedimientos insuficientes, suprimir el arte y a la vez realizarlo. Con la doble derrota de las vanguardias políticas y estéticas entre las dos guerras mundiales concluye la fase «activa» de la descomposición (*IS* 1/14). Así el arte alcanza el punto al que la filosofía había llegado ya con Hegel, Feuerbach y Marx: se comprende a sí mismo como alienación, como proyección de la actividad humana en una entidad separada. A quien quiera ser fiel al sentido de la cultura, no le queda más remedio que negarla en cuanto cultura y realizarla en la teoría y la práctica de la crítica social. La descomposición del arte continúa después de 1930, pero cambiando de significado. La autodestrucción del lenguaje antiguo, una vez separada de la necesidad de encontrar un lenguaje nuevo, es recuperada para la «defensa del poder de clase» (*SdE* § 184). La imposibilidad de toda comunicación es entonces reconocida como un valor en sí, que debe ser acogido con júbilo o sobrellevado como un hecho inalterable. La repetición de la destrucción formal en el teatro del absurdo, el *nouveau roman*, la nueva pintura abstracta o el *pop-art*, no expresa ya la historia que disuelve el orden social; ya no es más que la chata réplica de lo existente, con un valor objetivamente afirmativo, «mera proclamación de la belleza suficiente de la disolución de lo comunicable» (*SdE* § 192).

También Adorno admite que el arte, al hacerse autónomo y desvincularse de las funciones prácticas, ya no es inmediatamente un hecho social y se separa de la «vida». Pero solo de esta manera el arte puede verdaderamente oponerse a la sociedad. La sociedad burguesa ha creado un arte que es necesariamente su adversario, incluso más allá de sus contenidos específicos (*TE* 15-18, 24, 293-296). El arte acaba por cuestionar su propia autonomía, que «comienza a mostrar síntomas de ceguera» (*TE* 10). Adorno reconoce que el arte se halla en tales dificultades que ya «ni siquiera su derecho a la existencia» es «evidente» (*TE* 9), y concluye: «La rebelión del arte [...] se ha convertido en rebelión del mundo contra el arte» (*TE* 13). Al escribir: «Se dice que el tiempo del arte ha pasado y que lo que ahora importa es realizar su contenido de verdad» (*TE* 327), ¿comparte Adorno las tesis de Debord? En absoluto, puesto que la frase acaba con las palabras: «Este veredicto es totalitario». Parece que Adorno no tuvo ocasión de conocer las ideas de los situacionistas y contestarles, pero es probable que hubiera asimilado su crítica del arte a la de los contestatarios de 1968, a quienes acusaba de entusiasmarse con «la belleza de los combates callejeros» y de recomendar «el jazz y el rock en lugar de Beethoven» (Adorno, *Paralipomena*, en: *Gesammelte Schriften*, 7, p. 473, 12a). Aunque la toma de posición contra el arte es mucho menos original de lo que se cree (*TE* 327s.: *Paralipomena*, op. cit., p. 474),[13] Adorno ve en ella un gran peligro y, al mismo tiempo, una «incapacidad de sublimación», «debilidad del yo» o simple «falta de talento»: no está «por encima sino por debajo de la cultura» (*TE* 327). Pero lo que reprocha a la protesta contra el arte no es que ataque al orden social y estético existente, sino, por el contrario, su acuerdo con el sistema y con las peores tendencias de éste. Esta clase de ocaso del arte es «una manera de adaptarse» (*Paralipomena*, p. 473), porque «la abolición del arte en una sociedad semi-bárbara y que avanza hacia la barbarie completa se convierte en colaboradora de esta» (*TE* 328). Querer realizar directamente en el nivel social el placer o la verdad contenidos en el arte corresponde a la lógica del intercambio, que espera del arte, como de todas las cosas, que tenga alguna utilidad. Adorno ve en el arte siempre una crítica social, aun cuando se trate de la poesía hermética o del «arte por el arte», en virtud precisamente de su autonomía y de su «carácter asocial». Afirma que «el arte es social sobre todo por su oposición a la sociedad, oposición que adquiere solo cuando se hace autónomo [...]. No hay nada puro, nada formado según su propia ley inmanente, que no ejerza una crítica tácita» (*TE* 296). La obra de arte debe su función crítica al hecho de que no «sirve» para nada: ni para la ampliación de los conocimientos, ni para el goce inmediato, ni para la intervención directa en la praxis. Adorno rechaza todas las tentativas de reducir el arte a uno de esos elementos. «Solo aquello que no se somete al principio de intercambio defiende la ausencia de dominación; solo lo inútil representa el valor de uso atrofiado. Las obras de arte son los lugartenientes de lo que serían las cosas una vez cesaran de estar deformadas por el intercambio» (*TE* 298).

Debord y Adorno llegan, pues, a valoraciones opuestas respecto del fin del arte; esto requiere una explicación, considerando la afinidad de sus respectivos puntos de partida. Ambos sostienen que la contradicción entre fuerzas productivas y relaciones de producción se reproduce en el interior de la esfera cultural; ambos adoptan, en lo esencial, la misma actitud frente al desarrollo del potencial técnico y económico, en el que ven, sin deificarlo ni condenarlo sin más, una condición previa —que se superará por sí misma— de una sociedad liberada: «El triunfo de la economía autónoma debe ser al mismo tiempo su perdición. Las fuerzas que ella ha desencadenado suprimen la necesidad económica que fue la base inamovible de las sociedades antiguas» (*SdE* § 51). El desarrollo de las fuerzas productivas ha alcanzado un grado tal que la humanidad podría dejar atrás lo que Adorno llama la «ciega autoconservación» y que los situacionistas denominan «supervivencia», para pasar por fin a la verdadera vida. Solo las relaciones de producción —el orden social— lo impiden; según Adorno, «por el estado de las fuerzas productivas, la tierra podría ser aquí, ahora e inmediatamente el paraíso» (*TE* 51), mientras que en realidad se está transformado en una «cárcel al aire libre».[14] Las relaciones de producción basadas en el intercambio condenan a la sociedad a seguir sometiéndose a los imperativos de la supervivencia, creando —como dice el situacionista Vaneigem— «un mundo en el que la garantía de no morir de hambre equivale al riesgo de morir de aburrimiento».[15] La reducción a la pura «supervivencia» hay que entenderla también en un sentido más amplio, como una subordinación del contenido de la vida a las supuestas necesidades externas; ejemplo de ello es la actitud de los urbanistas que rechazan toda propuesta de una arquitectura diferente con el argumento de que «hay que tener un techo sobre la cabeza» y que es preciso construir rápidamente una gran cantidad de viviendas (*IS* 6/7). Los situacionistas escriben en 1963: «El viejo esquema de la contradicción entre fuerzas productivas y relaciones de producción no debe entenderse ya, por cierto, como una condena automática y a corto plazo de la producción capitalista, en el sentido de un estancamiento e incapacidad de desarrollo ulterior. Tal contradicción hay que entenderla más bien como la condena —cuya ejecución queda por intentar, con las armas que hagan falta— del desarrollo mezquino y a la vez peligroso al que conduce la autorregulación de dicha producción, en comparación con el grandioso desarrollo posible» (*IS* 8/7). La economía y sus organizadores han cumplido una útil función al liberar a la sociedad de la «presión natural», mientras que ahora se trata de liberarse de tal liberador (*SdE* § 40). Son las actuales jerarquías sociales las que garantizan la supervivencia para perpetuarse y al mismo tiempo impiden que se viva.

Adorno escribe a su vez que «al subordinar la vida entera a las exigencias de su conservación, la minoría que manda garantiza, con la propia seguridad, también la perpetuación del conjunto» (*DI* 47). Toda la «dialéctica de la Ilustración» estriba en que la *ratio* no ha logrado desplegar todo su potencial de liberación, porque se vio amenazada desde el principio por las fuerzas arrolladoras de la naturaleza, fijándose como único objetivo combatirlas y dominarlas hasta donde fuera posible. Esta lucha continúa aún cuando la supervivencia física de los seres humanos ya no corre peligro, y entonces les inflige nuevas mutilaciones que ya no son de índole natural sino social: «Pero cuanto más se realiza el proceso de autoconservación a través de la división burguesa del trabajo, tanto más dicho proceso exige la autoalienación de los individuos, que deben amoldarse en cuerpo y alma a las exigencias del aparato técnico» (*DI* 45).

La gigantesca acumulación de medios no es suficiente de por sí para que la vida sea más rica. «Una humanidad que no conociera ya la carencia intuiría algo de lo delirante e infructuoso de todos los procedimientos empleados hasta entonces para escapar de la carencia y que reproducen a escala ampliada, junto a la riqueza, la carencia».[16] En un sentido análogo, Debord escribe: «Si no hay ningún más allá de la supervivencia aumentada, ningún punto en el que pueda dejar de crecer, es porque tampoco ella se encuentra más allá de la privación, sino que es la privación enriquecida» (*SdE* § 44). La crítica del ciego automatismo de las leyes económicas y la exigencia de que la sociedad someta el uso de sus recursos a decisiones conscientes impulsa a ambos autores incluso a recurrir a las mismas citas: «En el momento en que la sociedad descubre que depende de la economía, esta depende de hecho de aquélla [...]. Allí donde estaba el Ello económico debe llegar a ser el Yo» (*SdE* § 52), escribe Debord, mientras que Adorno atribuye semejante toma de conciencia precisamente al arte: «Lo que era Ello debe llegar a ser Yo, dice el nuevo arte con Freud».[17]

Toda la estética de Adorno se basa en que también en el arte se encuentra la contradicción entre el potencial de las fuerzas productivas y su uso actual. Se puede hablar de fuerzas productivas estéticas, puesto que también el arte es una forma de dominación de los objetos, de la naturaleza: no deja los objetos como son, sino que los somete a una transformación, para lo cual se sirve de unos procedimientos y unas técnicas que han sido elaborados y mejorados poco a poco. Eso vale más todavía para el arte moderno, que no se limita a copiar la realidad, sino que la reestructura enteramente conforme a sus propias reglas; basta pensar en la pintura cubista o abstracta o en la suspensión de las leyes tradicionales de la experiencia en la literatura moderna. En el arte, el dominio sobre los objetos no sirve para someter a la naturaleza sino, por el contrario, para restituirle sus derechos: «El arte lleva a cabo una íntima revisión del dominio de la naturaleza al dominar las formas que la dominan» (*TE* 184). El arte, «antítesis social de la sociedad» (*TE* 18), propone a la sociedad ejemplos de un posible empleo de sus medios en una relación con la realidad que no sea de dominación ni de violencia: «Por el solo hecho de existir, las obras de arte postulan la existencia de una realidad inexistente, y por ello entran en conflicto con la inexistencia real de esta» (*TE* 83). Mientras que la producción material va dirigida solo al crecimiento cuantitativo, el arte en su «irracionalidad» debe representar los fines cualitativos, como la felicidad del individuo, que el racionalismo de las ciencias considera «irracionales» (*TE* 64; *Paralipomena*, pp. 430, 489). Con su «inutilidad» y su voluntad de ser solamente para sí y de sustraerse al intercambio universal, la obra de arte libera a la naturaleza de su condición de mero medio o instrumento: «No es ya por su contenido particular sino únicamente por lo insustituible de su propia existencia que la obra de arte deja en suspenso la realidad empírica en cuanto complejo funcional abstracto y universal» (*TE* 180). No se trata necesariamente de un proceso consciente. Basta con que el arte siga sus propias leyes de desarrollo —en eso consistía precisamente la radicalización de las vanguardias— para que reproduzca en su interior el grado de desarrollo de las fuerzas productivas extraestéticas, sin que por ello se halle sometido a las restricciones derivadas de las relaciones de producción (*TE* 71). Un arte cuyas técnicas quedan por debajo del estado de desarrollo de las fuerzas productivas artísticas alcanzado en un momento dado es, por tanto, «reaccionario», ya que no sabe dar cuenta de la complejidad de los problemas actuales. Ése es uno de los motivos por los que Adorno condena el jazz, pero se aplica igualmente, por ejemplo, al «realismo socialista». El arte formalista, en cambio, expresa, más allá de todo contenido «político», la evolución de la sociedad y de sus contradicciones. «La campaña contra el formalismo ignora que la forma que se da al contenido es ella misma un contenido sedimentado» (*TE* 193). «En el "cómo" de la manera de pintar pueden sedimentarse unas experiencias incomparablemente más profundas y también más relevantes socialmente que en los fieles retratos de generales y héroes revolucionarios» (*TE* 200).

También Debord emplea el concepto de «fuerzas productivas estéticas», basando en el paralelismo con las fuerzas productivas extraestéticas la defensa de la evolución formalista del arte hasta 1930, cuyo resultado histórico fue la «superación» del arte. Al igual que Adorno, ve en el arte una representación de las potencialidades de la sociedad: «Lo que se llama cultura refleja, pero también prefigura, en una sociedad dada, las posibilidades de organización de la vida».[18] Y, como Adorno, Debord afirma que hay un vínculo entre la liberación de esas potencialidades en el arte y en la sociedad: «Estamos encerrados en unas relaciones de producción que contradicen el desarrollo necesario de las fuerzas productivas, también en la esfera de la cultura. Debemos combatir esas relaciones tradicionales».[19] En el campo de las fuerzas productivas estéticas se ha producido, en efecto, un desarrollo rápido e inexorable en el cual cada descubrimiento, una vez realizado, hace inútil su repetición. En *Potlatch*, el boletín del grupo de Debord, se afirma, alrededor de 1955, que la pintura abstracta después de Malevitch solo ha roto puertas que estaban ya abiertas (p. 187), que el cine ha agotado todas sus posibilidades de innovación (p. 124) y que la poesía onomatopéyica, por un lado, y la neoclásica, por el otro, señalan el fin de la poesía misma (p. 182). Esa «evolución vertiginosamente acelerada gira ahora en el vacío» (p. 155), lo que es decir que el desarrollo de las fuerzas productivas estéticas ha llegado a su conclusión porque el despliegue paralelo de las fuerzas productivas extraestéticas ha traspasado un umbral decisivo, creando la posibilidad de una sociedad no dedicada ya enteramente al trabajo productivo, una sociedad que tendría tiempo y medios para «jugar» y entregarse a las «pasiones». El arte en cuanto mera representación de tal uso posible de los medios, el arte en cuanto sucedáneo de las pasiones estaría, por tanto, superado. Así como el progreso de las ciencias ha hecho superflua la religión, el arte demuestra ser, en su progreso ulterior, una forma limitada de la existencia humana.[20]

Debord no muestra mucha desconfianza ante el desarrollo de las fuerzas productivas en cuanto tal; para él, lo decisivo no es el contenido de las nuevas técnicas sino quién las usa y cómo. Identifica la dominación de la naturaleza con la libertad,[21] puesto que permite ampliar la actividad del sujeto; su crítica se dirige contra el atraso de las supraestructuras, desde la moral hasta el arte, respecto de aquel desarrollo, considerando anacrónico no solo el arte tradicional sino el arte mismo como forma de organización de los deseos humanos. La función que tuvo el arte en el pasado, y que ya no puede cumplir más, consiste, por tanto, en contribuir a la adaptación de la vida al estado de las fuerzas productivas.

En Adorno esas consideraciones se complican debido al doble aspecto que atribuye a las fuerzas productivas. Su crítica no se limita a la subordinación de las fuerzas productivas a las relaciones de producción, como la crítica marxista tradicional, ni a la autonomización de la producción material como esfera separada —la economía—, que es el tema central de Debord. Para Adorno, toda producción material, al ser dominación de la naturaleza, es una forma particular de la dominación en general, y como tal no puede ser portadora de libertad. La dominación de la naturaleza ha sido siempre una liberación del ser humano de su dependencia de la naturaleza al mismo tiempo que introducía nuevas formas de dependencia. Adorno acentúa a veces uno, a veces otro de esos aspectos.

En *Dialéctica de la Ilustración*, los procedimientos cuantitativos de la ciencia y la técnica en cuanto tales son vistos como reificación, mientras que en 1966 escribe —aludiendo quizá al heideggeriano «pensar la técnica» entonces en boga— que la tendencia al totalitarismo «no puede achacarse a la técnica en cuanto tal, que no es más que una forma de fuerza productiva humana, un brazo prolongado, incluso en las máquinas cibernéticas, y, por tanto, un mero momento de la dialéctica de fuerzas productivas y relaciones de producción; no es una tercera entidad dotada de una independencia demoníaca».[22] Aquel mismo año escribe: «La reificación y la conciencia reificada produjeron, con el nacimiento de las ciencias de la naturaleza, también la posiblidad de un mundo sin carencia» (*DN* 193).

Por lo que se refiere a este siglo, según Adorno no se puede hablar de oposición entre fuerzas productivas y relaciones de producción; siendo substancialmente homogéneas en cuanto formas de dominación, ambas han acabado por fundirse en un solo «bloque». La estatalización de la economía y la «integración» del proletariado fueron etapas decisivas de este proceso. En tal situación —volviendo a la problemática estética— el arte no debe limitarse a seguir a las fuerzas productivas, sino también criticar sus aspectos «alienantes».

Si para Adorno el arte sigue siendo capaz de ofrecer resistencia a la «alienación», mientras que según Debord ha perdido esa capacidad, ello se debe en gran medida a que Debord entiende por «alienación» el enajenamiento de la subjetividad; para Adorno, en cambio, la subjetividad misma puede convertirse fácilmente en alienación, y en sus últimas obras se muestra escéptico frente al concepto de «alienación».

El concepto de «alienación», tal como lo entiende Debord, registra una fuerte influencia de la noción de «reificación» desarrollada por G. Lukács en *Historia y conciencia de clase*. La reificación es para Lukács la forma fenoménica del fetichismo de la mercancía, que atribuye a la mercancía en cuanto cosa sensible y trivial las propiedades de las relaciones humanas que presidieron su producción. La extensión de la mercancía y de su fetichismo a la totalidad de la vida social hace aparecer la actividad humana, que en verdad es proceso y fluir, como un conjunto de cosas que, independientes de todo poder humano, siguen únicamente sus propias leyes. No hay ningún problema moderno que no remita en última instancia al «enigma de la estructura de la mercancía».[23] Desde la fragmentación de los procesos productivos, que parecen desarrollarse con independencia de los trabajadores, hasta la estructura fundamental del pensamiento burgués, con su oposición de sujeto y objeto, todo impulsa a los seres humanos a contemplar pasivamente la realidad en forma de «cosas», «hechos» y «leyes». Cuarenta años antes que Debord, Lukács caracterizó esa condición del ser humano como la del «espectador».[24]

Como es sabido, Lukács acabó distanciándose de esas teorías, juzgando que repetían el error hegeliano de concebir toda objetualidad como alienación. Debord no ignora ese problema; repetidas veces distingue entre objetivación y alienación, por ejemplo cuando opone el tiempo, que es «la alienación necesaria, como señalaba Hegel, el medio en que el sujeto se realiza perdiéndose», a la «alienación dominante», que denomina «espacial» y que «separa de raíz al sujeto de la actividad que le sustrae» (*SdE* § 161). Aun así, en algunos aspectos de su crítica del espectáculo parece resucitar la exigencia del sujeto-objeto idéntico en forma de la «vida» interpretada como fluir frente al espectáculo como «estado coagulado» (*SdE* § 35) y «congelación visible de la vida» (*SdE* § 170). No sorprende, por tanto, que su crítica de la mercancía se transforme a veces en crítica de las «cosas» que dominan a los seres humanos. Ni Debord ni el Lukács de *Historia y conciencia de clase* dudan de que pueda haber una subjetividad «sana», no reificada, a la que sitúan en el proletariado, cuya definición oscila entre categorías sociológicas y filosóficas. Por mucho que la ideología burguesa o el espectáculo amenacen esa subjetividad desde el exterior, esta es, en principio, capaz de resistir sus ataques.[25]

Para Adorno, por el contrario, lo que enajena al sujeto de su mundo es precisamente el «subjetivismo», la propensión del sujeto a «devorar» al objeto (*DN* 31). Sujeto y objeto no forman una dualidad última e insuperable ni pueden reducirse a una unidad como el «ser», sino que se constituyen recíprocamente (*DN* 176). Las mediaciones objetivas del sujeto son, sin embargo, más importantes que las mediaciones subjetivas del objeto,[26] ya que el sujeto sigue siendo siempre una forma de ser del objeto; o dicho en términos más concretos: la naturaleza puede existir sin el hombre, pero el hombre no puede existir sin la naturaleza. El sujeto-objeto de Lukács es para Adorno un caso extremo de «filosofía de la identidad», cuyas categorías son medios con los que el sujeto trata de adueñarse del mundo. El objeto es identificado a través de las categorías establecidas por el sujeto, y así la identidad del objeto, su cualidad de *individuum ineffabile*, se pierde y el objeto queda reducido a la identidad con el sujeto. El «pensamiento identificante» conoce una cosa determinándola como ejemplar de una especie; pero así no encuentra en la cosa sino lo que el pensamiento mismo ha introducido en ella, y jamás puede conocer la verdadera identidad del objeto. A la «buena» objetividad que devuelve a los objetos su autonomía se opone la objetividad efectivamente «reificadora» que transforma al ser humano en cosa y el producto del trabajo en mercancía-fetiche. Es la identidad puesta por el sujeto lo que priva al hombre moderno de su «identidad»: «El principio de identidad absoluta es contradictorio en sí. Perpetúa la no-identidad como oprimida y dañada» (*DN* 316). En un mundo en que todo objeto es igual al sujeto, el sujeto se convierte en mero objeto, en cosa entre las cosas. La negación de la identidad de los objetos en beneficio de la identidad del sujeto que en todas partes pretende encontrarse a sí mismo es relacionada por Adorno, aunque de manera un tanto vaga, con el principio de equivalencia, el trabajo abstracto y el valor de cambio.

La reificación realmente existente es resultado de la aversión al objeto en general, así como la alienación resulta de la represión de lo diferente y lo extraño: «Si lo ajeno dejara de estar proscrito, apenas habría ya alienación» (*DN* 175), mientras que el sujeto actual «se siente amenazado absolutamente por el menor residuo de lo no-idéntico [...] porque su aspiración es el todo» (*DN* 185).

Ni ha existido en el pasado la unidad de sujeto y objeto —el ser humano no se ha alejado de su «esencia» o de un en-sí (*DN* 190-193)—, ni se trata de aspirar al objetivo de una «unidad indiferenciada de sujeto y objeto», sino más bien a una «comunicación de lo diferenciado».[27] No hay que olvidar, sin embargo, que tales observaciones se refieren a filosofías como el existencialismo; difícilmente podrían aplicarse a los situacionistas, que reprochan al espectáculo precisamente que niega a los sujetos la posibilidad de perderse en el fluir de los acontecimientos: «La alienación social superable es justamente la que ha prohibido y petrificado las posibilidades y los riesgos de la alienación viviente en el tiempo» (*SdE* § 161).

Ahora se entiende mejor por qué defiende Adorno el arte: lo considera capaz de contribuir a la superación del sujeto dominador. Solo en el arte puede tener lugar una «reconciliación» de sujeto y objeto.

En el arte el sujeto es la fuerza productiva principal (*TE* 62, 253); y solo en el arte —por ejemplo, en la música romántica— el sujeto puede desarrollarse libremente y dominar su material sin violentarlo —lo cual significa siempre, en última instancia, violentarse a sí mismo—. Así, el arte es el «lugarteniente» de la «verdadera vida»,[28] de una vida liberada «del trajinar, del hacer proyectos, del imponer la voluntad de uno, del subyugar», en la cual el «*rien faire comme une bête*, flotar en el agua y mirar pacíficamente al cielo [...] podría reemplazar al proceso, al hacer, al cumplir».[29] La verdadera praxis del arte radica en esa no-praxis, en ese rechazo de los usos instrumentales y de la tan alabada «comunicación», en la que Adorno ve la simple confirmación recíproca de los sujetos empíricos en su ser-así. El verdadero sujeto del arte no debe ser el artista ni el receptor, sino la obra misma y aquello que habla a través de ella: «La comunicación es la adaptación del espíritu a lo útil, mediante la cual se suma a las mercancías» (*TE* 102). Rimbaud, el prototipo de las vanguardias, fue para Adorno «el primer artista eximio que rechazaba la comunicación» (*Paralipomena*, p. 469). «El arte ya no llega a los seres humanos sino a través del *shock* que golpea lo que la ideología seudocientífica llama comunicación; a su vez, el arte mantiene su integridad solo allí donde no se presta al juego de la comunicación» (*Paralipomena*, p. 476).

Para Debord, en cambio, el arte tenía el cometido de intensificar la actividad del sujeto y de servir de medio a su comunicación. Tal comunicación existía en condiciones como las de la democracia griega, condiciones cuya disolución ha conducido a «la actual pérdida general de las condiciones de comunicación» (*SdE* § 189). La evolución del arte moderno reflejaba esta disolución. El espectáculo es definido como «representación independiente» (*SdE* § 18) y como «comunicación de lo incomunicable» (*SdE* § 192). En 1963, la revista *Internationale Situationniste* afirma perentoriamente que «donde hay comunicación no hay Estado» (*IS* 8/20), y Debord escribió ya en 1958 que «hay que someter a una destrucción radical todas las formas de seudocomunicación para poder llegar un día a una comunicación real y directa» (*IS* 1/21), tarea que no incumbe ya al arte sino a una revolución que englobe los contenidos del arte.

Merece la pena recordar que Adorno y Debord no discrepan tanto en lo que consideran de por sí deseable como en lo que juzgan efectivamente posible en ese momento histórico. Ambos coinciden en criticar el hecho de que la racionalidad de la sociedad haya sido relegada a la esfera separada de la cultura. Adorno habla de la «culpa en que (la cultura) incurre al aislarse como esfera particular del espíritu sin realizarse en la organización de la sociedad».[30] También Adorno admite, en términos muy generales, que «en una humanidad pacificada, el arte cesaría de vivir»[31] y que «no es impensable que la humanidad no necesitaría ya la cultura inmanente y cerrada en sí una vez esté realizada» (*Paralipomena*, p. 474). Pero no se trata sino de una posibilidad remota; y si bien reconoce que el arte no es más que la representación de algo que falta (*TE* 10), Adorno insiste en que, hoy por hoy, tal carencia no tiene remedio: es preciso limitarse, por tanto, a ponerla en evidencia. «Quien quiera abolir el arte sostiene la ilusión de que no está cerrada la puerta a un cambio decisivo» (*TE* 328). Lo que vale para el arte vale también para la filosofía: «La filosofía, que antaño pareció superada, sigue viva porque se dejó pasar el momento de su realización» (*DN* 11). Ni siquiera la revolución le parece de por sí imposible, sino únicamente carente de actualidad en las condiciones presentes: «El proletariado al que él (Marx) se dirigía aún no estaba integrado: se empobrecía de manera evidente, mientras que, por otra parte, el poder social no disponía aún de los medios que le asegurasen, a la hora de la verdad, una victoria aplastante».[32] Todavía alrededor de 1920 cabía cierta esperanza en la revolución; Adorno se refiere a «la violencia que hace cincuenta años durante un breve período aún podía parecer justificada a quienes albergaban la esperanza ilusoria y demasiado abstracta de una transformación total».[33] Adorno no piensa que el arte sea algo demasiado «elevado» como para proponerse la felicidad del individuo como objetivo; al igual que Debord, ve en el arte una *promesse de bonheur*,[34] pero, a diferencia de éste, no cree que tal promesa pueda realizarse directamente, sino que solo se puede serle fiel rompiéndola para no traicionarla (*Paralipomena*, p. 461).

Mientras se trate del arte del período de 1850 a 1930, Debord comparte las afirmaciones de Adorno sobre el valor de la pura negatividad; en el período actual, en cambio, considera posible pasar a la positividad, pues si bien no se ha producido una mejora efectiva de la situación social, están dadas las condiciones para ello. Adorno, por el contrario, parte de la imposibilidad actual de una tal reconciliación y de la necesidad de contentarse con su evocación en las grandes obras de arte. Estamos, pues, ante dos interpretaciones opuestas de las posibilidades y los límites de la modernidad. En 1963, el editorial del número octavo de *Internationale Situationniste* se refiere con optimismo a los «nuevos movimientos de protesta»; aquel mismo año, Adorno habla de «un momento histórico en el cual la praxis parece inviable en todas partes».[35] Los situacionistas solo podían creer en la posibilidad de una «superación del arte» porque esperaban ya años antes del mayo de 1968 una revolución de esa índole.

Esas divergencias se deben no solo a una valoración distinta de los acontecimientos de los años cincuenta y sesenta, sino que remiten a diferencias más profundas en la concepción del proceso histórico. Los conceptos respectivos de intercambio y de la alienación determinan el ritmo que los dos autores atribuyen a los cambios históricos. Para Debord, como para Lukács, la alienación radica en el predominio de la mercancía en la vida social; se halla vinculada, por tanto, al capitalismo industrial, y sus orígenes no se remontan mucho más allá de los últimos doscientos años.[36] En el interior de este período, los cambios que puedan producirse de un decenio a otro tienen naturalmente una importancia considerable.

Los cambios de un siglo, contrariamente, tienen escaso peso a los ojos de Adorno, que mide los acontecimientos con la vara de la «prioridad del objeto» y de la «identidad». Para él, «intercambio» no significa en primer lugar el intercambio de mercancías que contienen trabajo abstracto —origen del predominio, a nivel social, del valor de cambio sobre el valor de uso— sino un suprahistórico «intercambio general» que coincide con la entera *ratio* occidental y cuyo precedente es el sacrificio con el cual el hombre trataba de congraciarse con los dioses mediante unas ofrendas que pronto se hicieron puramente simbólicas; ese elemento de engaño en el sacrificio preludia el engaño del intercambio. El intercambio es, según Adorno, «injusto» porque suprime la cualidad y la individualidad, y eso ya mucho antes de adquirir la forma de la apropiación de plustrabajo en el intercambio desigual entre fuerza de trabajo y salario. El intercambio y la *ratio* occidental coinciden en la reducción de la multiplicidad del mundo a meras cuantías distintas de una substancia indiferenciada, sea esta el espíritu, el trabajo abstracto, los números de las matemáticas o la materia sin cualidades de la ciencia.

A menudo se tiene la impresión de que en Adorno los rasgos específicos de las épocas históricas desaparecen frente a la acción de ciertos principios invariables, como la dominación y el intercambio, que existen desde el principio de la historia. La *Dialéctica de la Ilustración* sitúa el origen de los conceptos identificantes en un pasado bastante remoto. Si «los ritos del chamán se dirigían al viento, a la lluvia, a la serpiente exterior o al demonio en el enfermo, y no a materias o especímenes» (*DI* 22), la división entre la cosa y su concepto se introduce ya en el período animista, con la distinción entre el árbol en su presencia física y el espíritu que lo habita (*DI* 29). La lógica nace de las primeras relaciones de subordinación jerárquica (*DI* 36), y junto al «Yo» idéntico a través del tiempo prin-

cipia la identificación de las cosas mediante su clasi-
ficación en especies. «Unidad es la palabra de orden,
desde Parménides hasta Russell. Se continúa exigiendo la destrucción de los dioses y de las cualidades» (*DI*
20); y eso significa que hoy sigue actuando la misma
«Ilustración» que en los tiempos de los presocráticos.
Debería parecerle a Adorno poco menos que imposible liberarse de la reificación, si esta arraiga en las
estructuras más profundas de la sociedad; y, sin embargo, se niega a tomarla por una constante antropológica u ontológica: «Solo al precio de faltar a la verdad
puede relegarse la reificación al ser y a la historia del
ser, para lamentar y consagrar como destino aquello
que la autorreflexión y la praxis por ella desencade-
nada acaso pudieran cambiar» (*DN* 95). El muro que
separa al sujeto del objeto no es un muro ontológico
sino producto de la historia y puede ser superado en
el plano histórico: «Si ningún ser humano fuese privado de una parte de su trabajo vivo, se habría alcanzado la identidad racional y la sociedad dejaría atrás
el pensamiento identificante» (*DN* 150). Pero, pese a
tales afirmaciones, queda poco claro cómo sea posible
liberarse de la reificación si esta se encuentra, según
Adorno, incluso en las estructuras del lenguaje: ya
en la cópula «es» se oculta el principio de identidad
en forma de identificación de una cosa mediante su
identificación con otra cosa que aquella no es (*DN*

104-108, 151). En la proposición predicativa, el objeto en cuestión es determinado mediante la reducción a «mero ejemplo de su especie o género» (*DN* 149). Si el «Yo idéntico» contiene ya la sociedad de clases,[37] si el pensamiento en general es «cómplice» de la ideología (*DN* 151), entonces hallar una «salida» parece tarea bastante trabajosa. Por consiguiente, Adorno sitúa fuera de la historia concreta lo que cabe esperar para el futuro: un «estado de reconciliación» que él mismo compara al «estado de salvación» religioso (*TE* 16).

A veces Adorno parece insinuar que la revolución y la realización de la filosofía fueron efectivamente posibles alrededor de 1848; después, la fusión de fuerzas productivas y relaciones de producción ha privado el desarrollo de las fuerzas productivas de todo potencial de progreso y ha imposibilitado toda perspectiva revolucionaria, hasta el punto de desencadenar una especie de antropogénesis regresiva. Desde entonces, no ha habido progreso más que en el arte: «El que el arte, según Hegel, haya sido una vez el grado adecuado del desarrollo del espíritu pero que ya no lo sea [y eso es lo que piensa también Debord], manifiesta una confianza en el real progreso de la conciencia de la libertad que se ha visto amargamente decepcionada. Si el teorema de Hegel sobre el arte como conciencia de la miseria es válido, entonces tampoco está anti-

cuado» (*TE* 274). La recaída en la barbarie y el triunfo definitivo del totalitarismo son, para Adorno, peligros siempre presentes; la función positiva del arte
consiste en representar por lo menos la posibilidad
de un mundo diferente, de un libre despliegue de las
fuerzas productivas. El arte aparece, por tanto, como
el mal menor: «Hoy en día, la posibilidad abortada de
lo otro se ha reducido a la de impedir, pese a todo, la
catástrofe» (*DN* 321).

Adorno constata una cierta invariabilidad de las
vanguardias: para él, Beckett tiene más o menos la
misma función que Baudelaire; eso se debe a la per-
sistencia inalterada de la situación descrita, es decir,
de la modernidad. Adorno concibe el arte moderno
no solo como una etapa histórica, sino también como
una especie de categoría del espíritu; cosa que él mismo admite cuando declara que el arte moderno tiende a representar la industria únicamente mediante su
puesta entre paréntesis, y que «en este aspecto de lo
moderno ha habido tan pocos cambios como en el hecho de la industrialización en cuanto decisivo para el
proceso de vida de los seres humanos; y es eso lo que
da, hasta ahora, al concepto estético de lo moderno
su asombrosa invariabilidad» (*TE* 53). A consecuencia
de esa «asombrosa invariabilidad», «el arte moderno
aparece históricamente como algo cualitativo, como

diferencia respecto de los modelos caducos; por ello no es puramente temporal: lo cual ayuda, por lo demás, a explicar que, por un lado, haya adquirido rasgos invariables que a menudo se le reprochan y que, por el otro lado, no se pueda liquidarlo como algo superado» (*Paralipomena*, p. 404).

Los situacionistas distinguen entre una fase activa y crítica de la descomposición formalista del arte tradicional y otra fase de repetición vacía del mismo proceso. Adorno debe rechazar semejante distinción, en tanto que presupone un cambio positivo de la sociedad que no se ha producido. Y, sin embargo, también Adorno parece dudar de la continuidad del arte moderno, para cuya defensa recurre siempre a los mismos nombres: en primer lugar Kafka y Schönberg, luego Joyce, Proust, Valéry, Wedekind, Trakl, Borchardt, Klee, Kandinsky, Masson y Picasso; su filosofía de la música se apoya casi exclusivamente en la Escuela de Viena (Webern, Berg). Cuando Adorno habla de «modernidad», se refiere de hecho al arte del período de 1910 a 1930 —sobre todo al expresionismo—, es decir, al mismo período que para los situacionistas representa la culminación y el fin del arte. A los artistas y las tendencias artísticas que se dieron a conocer después de la Segunda Guerra Mundial —con la excepción de Beckett y pocos más— no los tiene en mucha mayor estima que los situacionistas. A pesar de haber tenido ocasión, durante veinticuatro años, de observar a los artistas de la posguerra, o bien hace caso omiso de ellos —como de Yves Klein, Pollock o Fluxus— o bien los condena —como al *happening* (*TE* 140). El compositor Pierre Boulez recuerda que, en los años cincuenta, su generación de compositores veía a Adorno como representante de un movimiento estético del pasado; Adorno, a su vez, albergaba serias dudas respecto de aquella nueva generación y escribía sobre «el envejecimiento de la Nueva Música».[38] Y también Adorno ataca el fenómeno que Debord llama la destrucción «a fuego lento» de unas estructuras ya descompuestas «a fin de sacarles todavía algún provecho»:[39] «Cuando una posibilidad de innovaciones se ha agotado y se continúa buscándolas siguiendo una línea que las repite, entonces la innovación debe cambiar de orientación» (*TE* 38).

A Adorno no le cabe duda alguna de que el desarrollo de las fuerzas productivas sociales ha alcanzado un punto en el cual se reduce a un fin en sí. Difícilmente se comprende, por tanto, por qué una situación de semejante inmovilismo que se prolonga durante un siglo entero no habría de conducir finalmente a una inmovilización análoga de las fuerzas productivas estéticas. Estas pueden proseguir su evolución durante cierto tiempo, aun en ausencia de un progreso paralelo de la sociedad en su conjunto, pero tarde o temprano ese proceso ha de encontrar un límite. Adorno era, en efecto, muy consciente de la grave crisis del arte moderno y ponía en duda el sentido de muchos de los experimentos artísticos de los años cincuenta y sesenta. Eso no está en contradicción con el hecho de que Adorno defienda apasionadamente a Beckett, a quien los situacionistas citan, por el contrario, como ejemplo del artista que se instala con complacencia en el vacío; pues Adorno describe a Beckett más bien como una fase final del arte que como una prueba de su vitalidad. Vista desde hoy, la diferencia de criterio parece reducirse, por tanto, a la cuestión de si a los «últimos artistas» hay que situarlos en los años treinta o más bien en la década de los cincuenta.

En 1952, Debord presenta, a los veinte años, la película *Hurlements en faveur de Sade*:[40] durante la primera media hora, la pantalla permanece alternativamente en blanco y en negro, mientras se escucha un *collage* de textos diversos; a continuación, los últimos veinticuatro minutos sumergen a los espectadores en la oscuridad y el silencio completos.[41] No deja de ser curioso que en este filme se encuentre todo aquello que Adorno elogia en el arte moderno y particularmente en Beckett: la ausencia de comunicación, la decepción deliberada de las expectativas del público, que espera que la obra «atenúe la alienación», para confrontarlo, por el contrario, con un máximo de reificación (*TE* 225), y, en fin, la fidelidad a la «prohibición de las imágenes». La película tenía, por lo demás, el color recomendado por Adorno: «Para subsistir en medio de los aspectos más extremos y más sombríos de la realidad, las obras de arte que no quieran venderse como consuelo deben igualarse a aquellos. Hoy en día, arte radical quiere decir arte sombrío, cuyo color fundamental es el negro» (*TE* 60). Y, sin embargo, es precisamente aquí donde se evidencia toda la diferencia entre Debord y Adorno. Para Debord, quien no pecaba de excesiva modestia, con su película se había alcanzado el punto extremo de la negatividad en el arte, al cual había de seguir una nueva positividad; cosa imposible para Adorno: «La negación puede convertirse en placer, pero no en positividad» (*TE* 60). En 1963, *Internationale Situationniste* escribe, refiriéndose a la película de Debord, que «la acción real de la vanguardia negativa» no fue una «vanguardia de la ausencia pura, sino siempre una puesta en escena del escándalo de la ausencia, con el fin de convocar a una presencia deseada» (*IS* 8/19). En el mismo artículo, se considera un éxito que el público del estreno se enfureciera e interrumpiera la proyección de la película antes de acabar, rechazando así el papel de consumidores y saliéndose de la lógica de la obra de arte. Los situacionistas rechazan como «neo-dadaísmo» casi toda la producción artística de sus contemporáneos y la acusan de «instalarse en la nulidad»[42] y de ser «un arte apologético del cubo de basura» (*IS* 9/41).

A la pregunta de si en los últimos decenios se han producido todavía obras de valor o no, tanto Adorno como Debord contestan con apenas más que simples afirmaciones rayanas en la opinión personal. «El nacimiento de cada obra de arte auténtica contradice el pronunciamiento de que ya no podría nacer» (*TE* 328), dice Adorno, mientras que Debord asegura en el prólogo a la reedición de *Potlatch* que «el juicio de *Potlatch* relativo al fin del arte moderno podía parecer muy exagerado para el pensamiento de 1954. Hoy se sabe [...] que desde 1954 jamás se ha visto aparecer en parte alguna a un solo artista de verdadero interés».[43]

Más fructífera parece ser la confrontación en el plano teórico. Cabe sin duda cierto escepticismo frente a la afirmación de Debord de que la realización directa de las pasiones es en todo caso preferible a su transfiguración artística; su visión optimista, en aquel entonces, de la posibilidad de pasar a la «verdadera vida» convence hoy en día mucho menos que en los años sesenta. Pero al mismo tiempo tampoco se puede negar la situación aporética, señalada por Debord, en que se encuentra el arte y cuyo alcance Adorno parece haber subestimado. La lógica evolutiva del arte moderno fue la de una escalada implacable y condujo pronto a extremos como la página en blanco de Mallarmé, el cuadro blanco sobre fondo blanco de Malevitch, la poesía onomatopéyica y *Finnegan's Wake*.

Adorno lo expresa comentando que después de haber visto una pieza de Beckett uno pierde el interés en cualquier otra obra menos radical (*TE* 35). Estando así las cosas, no se puede ya inventar nada nuevo en el mismo sentido, ni tampoco se puede volver atrás. En el transcurso de este siglo, el mundo ciertamente no ha recuperado el «sentido» y la «representabilidad» que constituyeron el contenido del arte tradicional y cuya desaparición fue el tema de las vanguardias.

La relación del arte moderno con el despliegue de la lógica del valor de cambio fue ambigua en más de un aspecto. Por un lado, el arte moderno registró negativamente la disolución de las formas de vida y de las comunidades tradicionales y sus modos de comunicación que se produjo desde la segunda mitad del siglo xx. El *shock* de la «incomprensibilidad» quería poner en evidencia esa desaparición. Incluso ya antes de las vanguardias en sentido estricto, la nostalgia de una «autenticidad» perdida de lo vivido se había convertido en un tema central del arte. Por el otro lado, el arte vio en tal disolución una liberación de nuevas posibilidades y un acceso a horizontes inexplorados de la vida y de la experiencia; celebraba un proceso que de hecho consistía en la descomposición de las formaciones sociales pre-burguesas y la liberación de la individualidad abstracta de las restricciones premodernas. A diferencia del movimiento obrero, el arte no identificaba esas restricciones únicamente con la explotación y la opresión política, sino que vio como incluidas en ellas también la familia, la moral, la vida cotidiana y aun las estructuras de la percepción y del pensamiento. Pero el arte, al igual que el movimiento obrero, no sabía descifrar ese proceso de disolución como triunfo de la mónada dineraria abstracta, sino que creyó[44] reconocer en él el principio de una disolución general de la sociedad burguesa, incluidos el Estado y el dinero, en lugar de ver que se trataba de una victoria de las formas burguesas más avanzadas —como el Estado y el dinero— sobre los residuos pre-burgueses. Fue así que el arte moderno preparó involuntariamente el camino al triunfo completo de la subjetividad estructurada por el valor de cambio sobre las formas pre-burguesas, a las que confundía con la esencia de la sociedad capitalista. El trastorno de las supraestructuras tradicionales, desde la moral sexual hasta el aspecto de las ciudades, parecía al arte moderno una consecuencia necesaria de la revolución de las formas de producción; consecuencia a la que la burguesía, sin embargo, se oponía a fin de conservar su poder, y que el arte, por tanto, creyó erróneamente deber reivindicar. El «*La destruction fut ma Béatrice*» de Mallarmé se ha hecho realidad de una manera muy distinta a cuanto pudo imaginar el poeta. La propia sociedad capitalista se ha hecho cargo de la obra de disolución exigida por sus críticos; se ha producido efectivamente la apertura de nuevos caminos y el abandono de las formas tradicionales, pero no para liberar la vida de los individuos de construcciones arcaicas y asfixiantes, sino para eliminar todos los obstáculos a la transformación total del mundo en mercancía. La descomposición de las formas artísticas se hace entonces enteramente isomorfa al estado real del mundo y no puede ya producir ningún efecto de *shock*. El sinsentido y la afasia de las obras de Beckett, la incomprensibilidad y el irracionalismo ya no representan más que una parte integrante e indistinta del entorno; su efecto ya no es crítico sino apologético. El «irracionalismo» de las vanguardias fue mayormente una protesta contra una «racionalidad» falsa y mezquina que aprisionaba el potencial humano prefigurado en lo imaginario y el inconsciente. ¿Pero qué sentido podría tener ese irracionalismo artístico hoy, cuando el irracionalismo de la organización social se exhibe en toda su extensión y ya ni siquiera intenta ocultarse? Adorno no parece haber pensado hasta las últimas consecuencias ese cambio de las condiciones sociales. Su análisis de la labor negativa del arte formalista sigue siendo válido para las vanguardias históricas, pero no capta lo que está en juego actualmente.

Lukács había criticado injustamente a las vanguardias de su tiempo: si bien observó la coincidencia de la disolución de las formas artísticas y sociales, vio en la disolución artística una mera apología de la social y no comprendió su función crítica. Por una suerte de ironía, sin embargo, su veredicto contra los originales se aplica bastante bien a las tendencias que a lo largo de las últimas décadas se han presentado como herederas de aquellas vanguardias. Los criterios necesarios hoy no son ciertamente los de Lukács, puesto que no puede tratarse ya de un retorno a las formas pretendidamente «correctas» de la época pre-burguesa. Fueron, por el contrario, los exponentes más conscientes de las vanguardias los primeros en reconocer que la continuación de su labor crítica exigía una revisión. Cuando se preguntó a André Breton, en una entrevista de 1948, si los surrealistas de 1925, en su deseo de turbar la paz burguesa, no habrían exaltado incluso la bomba atómica, contestó: «En *La lampe dans l'horloge* [...] usted verá que me he expresado sin ambages sobre ese cambio fundamental: la aspiración lírica al fin del mundo y su retractación en relación con las nuevas circunstancias».[45] En 1951, Breton expresa en pocas y concisas palabras el cambio decisivo que se había producido en menos de treinta años y que —podríamos añadir— desde entonces no ha cesado de prolongarse hasta el infinito: «En Francia, por ejemplo, el espíritu estaba entonces amenazado de anquilosamiento, mientras que hoy está amenazado de disolución».[46] Los situacionistas fueron los continuadores de esa autocrítica de las vanguardias. Lo que Debord reprocha a los surrealistas es precisamente su irracionalismo, que ya no sirve sino a la sociedad existente, e insiste en que hay que «hacer el mundo más racional, que es la primera condición para hacerlo más apasionante».[47] Si los surrealistas habían presentado en 1932 unas *Investigaciones experimentales sobre ciertas posibilidades de embellecimiento irracional de una ciudad*, el grupo letrista de Debord elaboró en 1956 un divertido *Proyecto de embellecimiento racional de la ciudad de París*.[48]

El estancamiento y la falta de perspectivas del arte moderno corresponden al estancamiento y a la falta de perspectivas de la sociedad de la mercancía que ha agotado todos sus recursos. La gloria de aquel ha pasado junto a la de esta. Ya no será el arte solo quien decida si el arte tendrá o no un futuro y en qué consistirá.

Notas

1 Las ideas de la Internacional Situacionista no siempre son idénticas a las de Debord; aquí las citamos solamente donde coinciden.

2 Por «economía» no se entiende aquí obviamente la producción material en cuanto tal, sino su organización como esfera separada a la que se subordina el resto de la vida. Conviene observar que ese proceso es más bien la consecuencia y la

forma fenoménica del triunfo de la forma-valor, como forma pura, en la vida social.

3   Nos referimos mediante siglas a los textos citados con mayor frecuencia: *SdE* = Debord, *La société du spectacle* (1967), Gallimard, 1992 (trad. cast. *La sociedad del espectáculo*, Pre-Textos, Valencia, 1999); *IS* = *Internationale Situationniste*, revista del grupo homónimo (1958-1969), reimpr. Fayard, París, 1997 (trad. cast. en 3 vols., Literatura Gris, Madrid, 1999-2001); *TE* = Adorno, *Ästhetische Theorie*, Suhrkamp, Frankfurt, 1970 (trad. cast. *Teoría estética*, Taurus, Madrid, 1971; ahora en Adorno, *Obra completa*, vol. 7, Akal, Madrid, 2004); *DI* = Horkheimer/Adorno, *Dialektik der Aufklärung* (1947), S. Fischer Verlag, Frankfurt, 1979 (trad. cast. *Dialéctica del iluminismo*, Ed. Sudamericana, Buenos Aires, 1987; ahora *Dialéctica de la Ilustración*, en *Obra completa*, vol. 4, Akal, Madrid, 2007); *DN* = Adorno, *Negative Dialektik* (1966), Suhrkamp, Frankfurt, 1988 (trad. cast. *Dialéctica negativa*, Taurus, Madrid, 1975; ahora en *Obra completa*, vol. 6, Akal, Madrid, 2005). Hemos modificado en varios casos las traducciones de los textos de Adorno. (Lo mismo vale para esta traducción castellana. Las citas —excepto las de *SdE*, que se cita por párrafos, e *IS*, citada por número y página de la revista— remiten a las páginas de las primeras versiones castellanas indicadas, disponibles en 1995, cuando este ensayo se publicó por primera vez en castellano; para la presente edición, he añadido unas breves referencias a las traducciones de las obras citadas que han aparecido posteriormente, por lo general mejores —espero— que las que pudimos utilizar en aquel momento, aunque sin la indicación de página para cada cita, que el lector interesado sabrá sin duda localizar sin demasiado esfuerzo). (N. del t.).

4   En los últimos años, un uso periodístico ampliamente extendido ha difundido el término «sociedad del espectáculo» para referirse a la tiranía de la televisión y fenómenos similares, mientras que Debord mismo considera que los *mass media* no son más que la «más abrumadora manifestación superficial» del espectáculo (*SdE* § 24). Para Debord, la estructura global

de todas las sociedades existentes es «espectacular», incluidas las del Este (tesis particularmente audaz en 1967).

5   Adorno, *Stichworte* (1969), Suhrkamp, Frankfurt, 1989, p. 161. (No nos ha sido accesible la trad. cast., *Consignas*, Amorrortu, Buenos Aires, 1972).

6   Adorno, *Soziologische Schriften* (1972), Suhrkamp, 1979, pp. 13s. (Ahora en trad. cast., *Escritos sociológicos*, en *Obra completa*, vol. 8, Akal, Madrid, 2004).

6a *Dialektik der Aufklärung*, ed. al. cit., p. 29. La frase falta en la versión castellana (1987), donde debería figurar en la p. 44 (N. del t.).

7   Adorno había llegado ya a esa conclusión en los años treinta: cf. *Dissonanzen*, en *Ges. Schr.* 14, pp. 24s. (ahora en trad. cast., *Disonancias*, en *Obra completa*, vol. 14, Akal, Madrid, 2009).

8   Ningún libro de Adorno fue traducido al francés antes de 1974, fecha en que la teoría situacionista estaba ya elaborada; a la inversa, parece que Adorno tampoco tuvo ocasión de conocer los escritos de Debord.

9   Debord, «Préface à la quatrième édition italienne» de *La société du spectacle*, Champ Libre, París, 1979, p. 38 (trad. cast. «Prólogo a la cuarta edición italiana de *La sociedad del espectáculo*», en *Comentarios sobre la sociedad del espectáculo*, Anagrama, Barcelona, 1999, p. 125 (N. del t.).

10 Adorno, *Eingriffe*, Suhrkamp, 1963, pp. 69, 74s. (No nos ha sido accesible la trad. cast. *Intervenciones*, Monte Ávila, Caracas, 1969).

11 Adorno, *Ohne Leitbild* (1967), Suhrkamp, 1973, p. 70. (Ahora en trad. cast., *Sin imagen directriz*, en *Obra completa*, vol. 10, Akal, Madrid, 2008).

12 Ibid. p. 68.

13 *Paralipomena*: conjunto de apuntes previos para la Teoría Estética que no fueron incorporados a la última redacción de la obra, que, como es sabido, permaneció inacabada a la muerte

del autor. El texto no figura en la versión castellana (ahora en trad. cast. *Paralipómenos*, en *Obra completa*, vol. 7, Akal, Madrid, 2004).

14 Adorno, *Prismen* (1955), Suhrkamp, 1976, p. 30 (ahora en trad. cast. *Prismas*, en *Obra completa*, vol. 10, Akal, Madrid, 2008).

15 Raoul Vaneigem, *Traité de savoir-vivre à l'usage des jeunes générations*, Gallimard, París, 1967, p. 8 (trad. cast. *Tratado del saber vivir para uso de las jóvenes generaciones*, Anagrama, Barcelona, 4ª ed. 2008, p. 18).

16 Adorno, *Minima Moralia* (1951), Suhrkamp, 1989, pp. 207ss. (trad. cast. Taurus, Madrid, 1987, p. 157; ahora en *Obra completa*, vol. 4, Akal, Madrid, 2004).

17 Adorno, *Noten zur Literatur*, Suhrkamp, 1989, p. 444 (ahora en trad. cast., *Notas sobre literatura*, en *Obra completa*, vol. 11, Akal, Madrid, 2003).

18 Debord, *Rapport sur la construction de situations*, París, 1957: reproducido en G. Berréby (ed.), *Documents relatifs à la fondation de l'Internationale Situationniste*, Allia, París, 1985, p. 607; ahora también en *Internationale Situationniste* (reedición de la revista), Fayard, París, 1997, p. 689.

19 *Potlatch 1954-1957, Bulletin d'information du groupe français de l'Internationale lettriste*, reimpr. Gérard Lebovici, París, 1985, p. 237 (luego Gallimard, París, 1996).

20 *Potlatch*, ibid. p. 237.

21 Por ejemplo en *Rapport...*, op. cit., p. 615.

22 *Soziologische Schriften*, op. cit. p. 16.

23 György Lukács, *Geschichte und Klassenbewusstsein* (1923), Luchterhand, Neuwied, 1968, p. 257 (trad. cast. *Historia y conciencia de clase*, Grijalbo, Barcelona, 1969).

24 Ibid., p. 118.

25 No tenemos en cuenta aquí, como tampoco en el resto del artículo, los puntos de vista parcialmente diferentes que Debord

expresa en sus recientes *Commentaires sur la société du spec-tacle* (1988), Gallimard, París, 1992 (trad. cast. *Comentarios sobre la sociedad del espectáculo*, Anagrama, Barcelona, 1999).

26   *Stichworte*, op. cit., p. 156.

27   Ibid. p. 153.

28   Por ejemplo, en *Noten...*, op. cit., p. 126.

29   *Minima Moralia*, op. cit., pp. 184ss. (ed. cast. cit. p. 157).

30   *Stichworte*, op. cit., p. 147.

31   Adorno, *Philosophie der neuen Musik*, Europäische Verlagsans-talt, Frankfurt, 1958, p. 22 (ahora en trad. cast., *Filosofía de la nueva música*, en *Obra completa*, vol. 12, Akal, Madrid, 2003).

32   *Eingriffe*, op. cit., pp. 23ss.

33   *Stichworte*, op. cit., p. 179.

34   *Potlatch*, op. cit., p. 178.

35   *Eingriffe*, op. cit., p. 8.

36   Ello no implica necesariamente una valoración positiva de las sociedades anteriores, que conocieron otras formas de aliena-ción.

37   *Stichworte*, op. cit., p. 160.

38   P. Boulez, «Du domaine musical à l'Ircam. Entretien avec Pierre-Michel Menger», *Le Débat* n.° 50, mayo-agosto 1988, p. 259.

39   *Potlatch*, op. cit., p. 237.

40   Guión en Debord, *Ouvres cinématographiques complétes*, Champ Libre, París, 1978.

41   Teniendo en cuenta la fecha, se puede considerar esa pelícu-la un paso importante en la radicalización del arte moderno. Debord afirma que el pintor Yves Klein asistió a la proyección y recibió de ahí la inspiración para su pintura monocroma posterior (Debord, *Considérations sur l'assassinat de Gérard Le-bovici*, ed. Lebovici, París, 1985, p. 46; reed. Gallimard, París,

1993; trad. cast. *Consideraciones sobre el asesinato de Gérard Le-bovici*, Anagrama, Barcelona, 2001, p. 55).

42 *Rapport*, op. cit., p. 611.

43 *Potlatch*, op. cit., p. 9.

44 A veces explícitamente, como en el caso de los dadaístas, los surrealistas y los futuristas y constructivistas rusos, en otros casos de manera implícita.

45 André Breton, *Entretiens*, Gallimard, París, 1969, p. 271 (trad. cast. *El surrealismo. Puntos de vista y manifestaciones*, Barral, Barcelona, 1977, p. 273).

46 Ibid., p. 218 (trad. cast. cit., p. 220).

47 *Rapport*, op. cit., p. 610.

48 *Potlatch*, op. cit., p. 177.

Objetividad inconsciente

Aspectos de una crítica de las ciencias
matemáticas de la naturaleza

Claus Peter Ortlieb

Dɪꜰíᴄɪʟᴍᴇɴᴛᴇ sᴇ ʜᴀʟʟᴀʀá ᴏᴛʀᴏ subsistema de la sociedad moderna que, tanto en el concepto que tiene de sí
mismo como en la percepción pública, se muestre tan
resistente a la crítica como las *hard sciences*, la «ciencia
auténtica» en el sentido de aquella frase de Kant según
la cual «en cada teoría particular de la naturaleza se
encuentra tanta ciencia auténtica como matemáticas
se encuentren en ella».[1] No es que falten críticas de
las ciencias naturales, como las que han venido propo-
niendo sobre todo, desde los años setenta en adelante,
el feminismo y los movimientos alternativos. El que la
utilización social de los descubrimientos científicos es
asunto más que delicado, es para muchos científicos
poco menos que un lugar común; y de sus filas provie-
nen las críticas más rigurosas y más competentes de
tales desarrollos. Pero ¿qué puede haber de criticable

en el conocimiento científico mismo, en el descubrimiento de leyes naturales y hechos irrebatibles? Así la pregunta por una ciencia distinta, que plantea la crítica feminista, de antemano ni siquiera se toma en serio como pregunta ni se la percibe como problema: más bien se la rebate con la repregunta burlona de si acaso a partir de ahora no será válida ya la ley de la caída o si dos y dos dejarán de ser cuatro; con lo cual toda discusión ulterior resulta superflua.

La imagen empirista de la ciencia no valorativa

TAL ACTITUD defensiva, inmunizadora a toda crítica, se alimenta de la idea de las ciencias naturales como una herramienta neutra, la «ciencia no valorativa». Hay que observar, de entrada, que ese ideal constituye históricamente una posición de repliegue. Los contemporáneos de Galileo, como Francis Bacon, Thomas Hobbes o René Descartes, tenían un concepto mucho más ambicioso del pensamiento científico, entendido como camino a la buena vida, a la paz perpetua y, en suma, a la solución de todos los problemas asequibles al conocimiento humano. No voy a ocuparme aquí de esas concepciones, ya que en la era de la tecnología nuclear y de los riesgos ecológicos globales provocados por la aplicación de los descubrimientos científicos, de todas maneras no queda ya quien las defienda.

La concepción moderna de la ciencia no valorativa resulta, en cambio, más dura de pelar. En su variante más bien ingenua, que podemos suponer predominante entre el público no especializado, el conocimiento científico se presenta sencillamente como un conjunto de proposiciones verdaderas acerca de la naturaleza, obtenidas mediante observaciones exactas y la descripción matemática precisa de estas. Esta imagen ha sido fomentada sobre todo por el positivismo.

En vista de las innegables rupturas que jalonan la historia de las ciencias naturales, y que serían a todas luces imposibles si se tratara de un método que se limita a constatar hechos, los científicos mismos, en cuanto reflexionan sobre ello, ven la cuestión de modo más diferenciado, suponiendo que el pensamiento humano en su imperfección acaso no llegue nunca a descubrir la plena verdad. Lo que la mayoría de ellos comparten, sin embargo, con el público informado es la idea de que hay una visión de la naturaleza que es válida universalmente, para todos los seres humanos por igual e independientemente de las formas de sociedad, y que el progreso científico consiste en aproximar el estado del conocimiento cada vez más a dicha visión. Esa concepción es indisociable de la idea de un desarrollo lineal, el progreso científico, cuyos orígenes se proyectan a la prehistoria humana o aún más lejos, como hace, por ejemplo, Popper.[2]

Uno de los rasgos característicos de las ciencias de naturaleza es que históricamente no han surgido más que en una sola cultura, la sociedad burguesa. Aun así, la Ilustración ha logrado proclamar la universalidad de esa forma de conocimiento que le es propia, como corresponde a la concepción que ella tiene de sí misma como estadio último y más elevado de la historia humana. Esa concepción objetivista del conocimiento científico no se puede refutar desde fuera, con la mera indicación de su contexto cultural y social. Por consiguiente, analizaré la actividad científico-matemática, en primer lugar, de modo inmanente, partiendo de Immanuel Kant. Siguiendo en este punto a Sohn-Rethel,[3] Greiff[4] y Müller,[5] creo que el gran filósofo de la Ilustración ha desarrollado ya los instrumentos que permiten disolver el pensamiento ilustrado desde dentro, aunque él mismo no haya dado ese segundo paso.

El empirista David Hume (de quien Kant decía que lo había despertado del «sueño dogmático») había demostrado ya que una fundamentación empirista del conocimiento objetivo es imposible, dado que ninguna ley de la naturaleza puede deducirse de modo concluyente de la experiencia: «Pues toda inferencia a partir de la experiencia presupone que el futuro se parecerá al pasado y que unas fuerzas iguales se asociarán a unas propiedades sensibles iguales. Si se concibiera la sospecha de que el curso de la naturaleza pudiera cambiar y que la regla para el futuro no estuviera condenada al pasado, entonces toda experiencia sería inútil y no podría dar pie a inferencia ni conclusión alguna. Por consiguiente, es imposible que fundamento alguno de experiencia pueda avalar tal parecido entre el pasado y el futuro, ya que esas fundamentaciones se apoyan en el presupuesto de ese parecido».[6] El empirista honrado debe hacerse escéptico si no quiere engañarse: «Paréceme que los solos objetos de las ciencias abstractas o demostrativas son la magnitud y el número, y que todo intento de ensanchar esas formas de conocimiento más perfectas más allá de esos límites solo conducen a ilusión y engaño».[7] Lo cual no impide, sin embargo, que el empirismo moderno lo intente una y otra vez, insistiendo en una fundamentación empirista de todo conocimiento científico de la naturaleza. Con todo, la forma de conocimiento históricamente más reciente que se refería exclusivamente a la experiencia inmediata (si es que alguna vez hubo tal cosa) parece haber sido la teoría aristotélica de la naturaleza con sus adaptaciones medievales. Frente a estas, la ciencia moderna de la naturaleza se constituye precisamente mediante la disociación del conocimiento empírico inmediato, y en esta «revolución del modo de pensar» (Kant) consiste su éxito peculiar.[8] Trataré en lo siguiente de ilustrar o llamar a recuerdo ese hecho mediante algunos ejemplos de los inicios de la ciencia moderna.

Geocentrismo y heliocentrismo

El ascenso de la época burguesa comienza con un modelo matemático. Nicolás Copérnico (1473-1543), en el libro *De revolutionibus orbium coelestium*, impreso poco antes de su muerte, rompe con la concepción ptolemaica o geocéntrica del mundo que dominaba durante la Edad Media. En forma modificada, la concepción copernicana del mundo pertenece al acervo seguro de nuestro saber. Ninguna persona ilustrada quisiera rechazarla a favor del sistema ptolemaico. Pero ¿cómo lo sabemos? Los hombres de la Edad Media, en fin de cuentas, sabían otra cosa, y cuanto se puede observar a simple vista habla a su favor. Una respuesta tan banal como cierta es que tal saber nos fue comunicado en edad temprana por la escuela y los libros.

Es evidente que no puede haber ninguna observación astronómica que coincida con una de las dos concepciones del mundo y no con la otra, ya que, en cuanto a la observación se refiere, las dos son del todo idénticas. Desde el punto de vista de la física moderna, se trata sencillamente de un cambio del sistema de referencia.

Tampoco el telescopio, que Galileo empleó por primera vez en la observación de los movimientos celestes, puede aportar aquí decisión alguna. Lo que observó Galileo fue el movimiento de las lunas de Júpiter alrededor del planeta, pero eso no demuestra la verdad del sistema copernicano, o por lo menos no la demuestra mediante la observación sino, en todo caso, sobre la base de un principio universal según el cual los cuerpos celestes más pequeños giran en torno a los más grandes.

Ese concepto de principio universal, de las «leyes de la naturaleza», y el concepto concomitante de sencillez se impusieron durante el siglo y medio que separan a Copérnico de Newton. Así es que ya Copérnico mismo, en el prólogo de su obra de 1543, redactado como carta al papa Pablo iii, no insiste tanto en el mejor ajuste a los datos de observación como, por el contrario, en las categorías de orden y uniformidad.

El ajuste a los datos de observación no podía ser relevante para la decisión entre el sistema copernicano y ptolemaico, entre otras cosas porque tal ajuste, como es sabido, era imposible de lograr sobre la base de los movimientos circulares postulados por ambos sistemas. Solo con Juan Kepler (1571-1630) las órbitas circulares se sustituyen por elipses, y por primera vez un principio unitario consigue explicar una gran variedad de observaciones astronómicas. Kepler se toma muy en serio el ajuste entre la predicción y la observación: según su propio testimonio, una discrepancia de solo ocho minutos lo impulsó a desechar una hipótesis anterior y a reformar la entera astronomía.

Aun así, el concepto central del sistema científico de Kepler es el de la armonía, en el sentido de una «visión del mundo como cosmos ordenado y estructurado conforme a leyes geométricas».[9] Ese modo de pensar puede ilustrarse con el siguiente pasaje del *Mysterium cosmographicum* (1596), en el cual se relacionan las órbitas planetarias con los cinco cuerpos platónicos: «La Tierra es la medida de todas las demás órbitas. Circunscribe a la Tierra un dodecaedro; la esfera que lo encierra es Marte. Circunscribe a la órbita de Marte un tetraedro; la esfera que lo encierra es Júpiter. Circunscribe a la órbita de Júpiter un cubo; la esfera que lo encierra es Saturno. Ahora inserta en la órbita de la Tierra es un icosaedro; la esfera inscrita a éste es Venus. En la órbita de Venus inserta un octaedro; la esfera inscrita a éste es Mercurio. He aquí la causa del número de los planetas». Desde el punto de vista actual, en vista de los planetas que se han descubierto desde entonces, el argumento yerra; pero evidencia el peso que tenía, en el sistema de Kepler, la especulación autónoma, orientada por ideas puramente matemáticas, en comparación con los datos empíricos.

La fundamentación del método experimental

GALILEO GALILEI (1564-1642), contemporáneo de Kepler, pasa por ser hombre más sobrio que éste y de métodos menos especulativos, aunque tampoco los suyos partían en modo alguno de la experiencia inmediata. Mulser pone en solfa la concepción empirista, para la cual la observación debe ser el punto de partida de toda ciencia natural, parodiando como sigue la consabida leyenda acerca de Galileo y la torre inclinada: «Un día el joven Galileo se subió a la torre inclinada de su Pisa natal, llevando consigo diversos objetos que con visible placer dejó caer desde arriba, uno tras otro: una bola de plomo, un telescopio viejo, sus gafas, un cucharón, un farolillo de papel, unos plumones, algo de polen y un pájaro. Luego bajó corriendo y constató que la bola, el cucharón, las gafas y el telescopio yacían sobre la hierba, mientras el farolillo estaba bajando ante sus ojos; algunos plumones seguían bailando en el aire, el polen había sido presa del viento y no se detectaba ya, y el pájaro, deseoso de altura y lontananza, desapareció por los aires. Galileo resumió los resultados del experimento proclamando: "Todos los cuerpos caen a la misma velocidad"».[10]

Hay también, desde luego, una versión heroica de esta leyenda, especie de mito del empirismo, según la cual Galileo desafió a la ciencia aristotélica demostrando su falsedad, ante los profesores y estudiantes reunidos de la universidad de Pisa, mediante unos experimentos llevados a cabo desde lo alto del campanario pisano. Esa historia, escrita por primera vez unos sesenta años después del supuesto acontecimiento y luego retomada una y otra vez por los historiadores de la ciencia, adornándola con ulteriores detalles, contradice todas las usanzas universitarias de aquel tiempo; Galileo mismo, que en tan alto grado dominaba el arte de exhibir sus propios méritos, jamás la mencionó; y lo que es más, los experimentos, tal como se describen, habrían fracasado.[11]

Ahora bien, Galileo ha descrito en su voluminosa obra con mucha exactitud los métodos que empleaba y que él mismo había desarrollado; y no sorprende que sean muy distintos de lo que refiere la leyenda. El procedimiento típico se ilustra, en la tercera jornada de los *Discorsi* de 1638, mediante el ejemplo de la caída libre.

No empieza con una observación sino con una definición matemática: «Llamamos movimiento igualmente, esto es, uniformemente acelerado, a aquel que, partiendo del reposo, adquiere, en tiempos iguales, iguales incrementos de rapidez».[12] Sigue una proporción matemática: «Si un móvil cae, partiendo en reposo, con un movimiento uniformemente acelerado, los espacios por él recorridos en cualquier tiempo que sea están entre sí... como los cuadrados de los tiempos»;[13] proposición que primero se demuestra matemáticamente. Solo después empieza la demostración empírica, pero no en forma de observaciones que se puedan realizar a simple vista, sino a modo de instrucciones para crear unas condiciones experimentales que se acerquen lo más que puedan al ideal del movimiento uniformemente acelerado.[14]

Se trata, en suma, de crear deliberadamente una situación que se aproxime lo más posible a las condiciones ideales que supone la construcción matemática. El experimento obviamente no puede estar nunca en el origen de semejante investigación; solo puede ser su final, ya que las condiciones experimentales han de crearse en función de una finalidad, y eso solo puede hacerse conociendo el fin y, por tanto, bajo la dirección de la teoría.

Nunca se insistirá lo bastante en la diferencia entre la observación y el experimento. El pasar por alto esa diferencia ha inducido a error a muchos, como, por ejemplo, a Emil Strauss, quien, en la introducción a su traducción alemana del *Diálogo* de Galileo, de 1890, aduce como prueba de la superioridad de la ciencia moderna sobre los modos de pensar medievales y otros «la falsa, e incluso necia, afirmación aristotélica... de que la velocidad de caída de un cuerpo es proporcional a su peso e inversamente proporcional a la densidad del medio». La frase ofrece un bello ejemplo del típico pensamiento ilustrado que cree que su propia forma de conocimiento es la única posible y que los miembros de otras culturas, que llegan a resultados distintos, han de ser simplemente gente estúpida u obcecada. El caso es que Aristóteles no estaba tan equivocado, mientras se trate de observaciones cotidianas. Dicho de otra manera: Galileo, de haber procedido tal como lo refiere la leyenda de la torre inclinada, habría llegado a un resultado parecido. El resultado enteramente distinto de Galileo, formulado como ley de la caída, se debe a un método muy distinto que consiste precisamente, entre otras cosas, en hacer abstracción de la «densidad del medio». Su comprobación experimental presupone que se puedan crear unas condiciones experimentales que permitan tratar la densidad como factor negligible.

Como es sabido, los experimentos pueden fracasar. En una carta a Carcaville de 1637, Galileo subraya que eso no quita valor a las reflexiones teóricas: «Si la experiencia demuestra que las propiedades que hemos deducido hallan confirmación en la caída libre de los cuerpos naturales, podremos afirmar sin riesgo de equivocarnos que el movimiento de caída concreto es idéntico a aquel que hemos definido y presupuesto; de no ser así, nuestras demostraciones no pierden, sin embargo, nada de su fuerza y consistencia, dado que habían de valer únicamente bajo el presupuesto que hemos establecido».[15] En la terminología moderna del siglo xx, habiéndose convertido la matemática en disciplina autónoma, eso significa que la corrección de las demostraciones matemáticas no depende de ninguna comprobación empírica: principio que hoy en día se considera evidente; hacía falta, sin embargo, que a alguien se le ocurriese aproximarse de esta manera al conocimiento de la naturaleza.

De hecho, pueden tener sentido unas representaciones abstractas incluso de unos movimientos enteramente irreales que no se observan en parte alguna; de eso justamente vive la física (y con ella, todas las ciencias matemáticas de la naturaleza) por lo menos desde Isaac Newton (1642-1727) en adelante.

En sus *Principia*, Newton consiguió una fundamentación matemático-deductiva y unificadora de los movimientos celestes y la física sublunar. Para ello hubo de extraer del concepto galileano de movimiento (que no es un concepto empírico sino matemático) la consecuencia extrema, la de «explicar lo real por lo imposible».[16] Lo ilustraremos examinando algunos de sus axiomas: «Todos los cuerpos perseveran en su estado de reposo o de movimiento uniforme en línea recta, salvo que se vean forzados a cambiar ese estado por fuerzas impresas».[17] Se trata, por así decir, de una ley natural en subjuntivo: jamás se ha observado semejante movimiento uniforme en línea recta, y Newton sabe que no puede haber tal movimiento, ya que conforme a su propia ley de gravitación no hay espacio en que no actúe fuerza alguna. Lo cual no le impide, sin embargo, colocar al principio de sus *Principia* una ley que no es susceptible de ninguna comprobación empírica inmediata: «El cambio de movimiento es proporcional a la fuerza motriz impresa, y se hace en la dirección de la línea recta en la que se imprime esa fuerza».[18] De nuevo toda experiencia empírica inmediata milita contra Newton y, una vez más, a favor de Aristóteles, quien afirmaba que una fuerza es necesaria para mantener un movimiento, mientras que el cambio (disminución de velocidad) se produce por sí solo.

También el concepto de fuerza, central para la teoría de Newton, es de índole no empírica: las fuerzas no se dejan observar ni medir directamente; lo que se puede medir son solamente los efectos que les atribuye la teoría.

Como gente moderna que somos, estamos habituados a ver el mundo a la luz de las concepciones y los principios fundamentales de la ciencia moderna, hasta tal punto que creemos haberlos extraído de la experiencia y la observación. «No nos damos cuenta de la audacia de la aserción de Galileo de que "el libro de la naturaleza está escrito en caracteres geométricos", como tampoco somos conscientes del carácter paradójico de su decisión de tratar la mecánica como una rama de las matemáticas, es decir, de sustituir el mundo real de la experiencia cotidiana por un mundo geométrico hipostasiado»;[19] la audacia de deducir unas proposiciones acerca de la naturaleza, en contra de toda plausibilidad empírica, de conceptos matemáticos tales como tiempo, espacio y movimiento. La concepción de la naturaleza que de ello deriva, y que tan evidente nos parece a nosotros, en la Antigüedad griega o en la Edad Media habría sido juzgada errónea y aun absurda.[20]

La revolución de los modos de pensar

Sobre todo la descripción precisa que Galileo nos ofrece de su procedimiento hace posible determinar sistemáticamente el método que se formó durante el lapso de tiempo que separa a Copérnico de Newton, y que sigue siendo fundamental para las ciencias matemáticas de la naturaleza. Un examen crítico revela que dicho método se funda sobre una serie de suposiciones fundamentales que se apoyan mutuamente, pero que a su vez no son susceptibles de fundamentación empírica alguna, sino que, por el contrario, preceden a todo conocimiento científico.

Las ciencias matemáticas de la naturaleza se fundan sobre el supuesto de que hay unas leyes de la naturaleza universalmente válidas, es decir, independientes de lugar y tiempo. Ese supuesto no se puede demostrar por simple observación; la realidad parece más bien desordenada e irregular. La ciencia aristotélica sostenía que las esferas celestes obedecen a unas leyes enteramente distintas de las del mundo sublunar, si es que puede decirse siquiera que hablaba de «leyes» en el mismo sentido que nosotros, pues la idea de unas leyes universales de la naturaleza presupone un concepto objetivo de un tiempo lineal y divisible a discreción, así como un concepto de espacio homogéneo (y no, por ejemplo, dividido en esferas).

La siguiente suposición afirma que las leyes de la naturaleza se pueden describir en términos matemáticos, supuesto que subyace al concepto de medición, central para las ciencias de la naturaleza; pues de lo contrario, la idea de buscar las leyes de la naturaleza por vía de la medición carecería de sentido.

La desordenada y variopinta realidad no se puede medir; por tanto, se procede de otro modo, como evidencian, por ejemplo, todos los escritos de Galileo y de Newton. En el principio está un experimento mental, o sea la formulación de unas condiciones ideales (qué pasaría si...), de las cuales se pueden deducir ciertas conclusiones mediante procedimientos matemáticos. Tanto las condiciones ideales como las conclusiones matemáticas entran luego en comprobación experimental, aquellas como condiciones-marco que se han de observar con exactitud, estas como indicación de qué es lo que hay que medir.

Solamente sobre la base de tales consideraciones puede tener lugar el experimento. Un buen experimentador debe ser capaz de inventar unos dispositivos experimentales que se aproximen lo más que puedan a las condiciones ideales postuladas y a la vez posibiliten las mediciones deseadas, sin que el proceso de medición (la intervención física del experimentador) estorbe el desarrollo ideal; lo cual constituye, como se sabe, toda una ciencia aparte que, sobre todo en la física del siglo xx, requiere un inmenso aparato técnico. Criterio del éxito de un experimento se considera la repetibilidad: cada vez que se creen idénticas condiciones, debe producirse el mismo efecto, y las mediciones deben arrojar idéntico resultado.

No se considera argumento en contra el hecho de que los experimentos reales al repetirse no conduzcan nunca a resultados exactamente idénticos, ni siquiera dentro del marco de precisión que se atribuye a las mediciones; pues el método experimental se funda en el supuesto de que los fenómenos a observar se componen, por un lado, de leyes de la naturaleza, formulables en términos matemáticos, y, por otro, de las llamadas interferencias, que son, por así decir, las leyes de la naturaleza que no controlamos todavía. Un experimento es una acción, una intervención activa en la naturaleza, encaminada a crear artificialmente unas situaciones en las que las interferencias hayan quedado eliminadas.[21]

El acontecer natural parece de por sí más bien desordenado; visto a través de los anteojos del método científico-matemático, se presenta como efecto de un conjunto de leyes de la naturaleza. Para conocer una sola de esas leyes, es preciso eliminar las otras, es decir, asegurar que sus efectos se mantengan constantes. En este procedimiento analítico, en la descomposición del acontecer en factores aislados, reside el vínculo entre las ciencias de la naturaleza y la técnica: a medida que se logre aislar los factores individuales, resulta posible recomponerlos a discreción y sintetizarlos en sistemas técnicos.

Immanuel Kant, que había dedicado diez años de su vida a la actividad científica, resume el método científico-matemático en el prólogo a la segunda edición de la *Crítica de la razón pura* (1787) como sigue: «La razón debe abordar la naturaleza llevando en una mano los principios según los cuales solo pueden considerarse como leyes los fenómenos concordantes, y en la otra, el experimento que ella haya proyectado a la luz de tales principios. Aunque debe hacerlo para ser instruida por la naturaleza, no lo hará en calidad de discípulo que escucha todo lo que el maestro quiere, sino como juez designado que obliga a los testigos a responder a las preguntas que él les formula. De modo que incluso la física debe tan provechosa revolución de su modo de pensar a una idea, la de buscar (no fingir) en la naturaleza lo que la misma razón pone en ella, lo que debe aprender de ella, de lo cual no sabría nada por sí sola. Únicamente de esta forma ha alcanzado la ciencia natural el camino seguro de la ciencia, después de tantos siglos de no haber sido más que un mero andar a tientas».[22]

El pasaje evidencia, por un lado, el papel importante que Kant atribuye a los «principios de la razón» que no se pueden deducir del conocimiento empírico (el *a priori* kantiano). Así resuelve el problema por el cual Hume se hizo escéptico y que todavía trae de cabeza a los empiristas modernos: el problema de saber cómo es posible un conocimiento objetivo.

Por el otro lado, en el lenguaje de Kant se transparenta el pensamiento de la Ilustración, que considera la «razón» una propiedad o capacidad universal del género humano y, sin embargo, la reclama exclusivamente para sí mismo, negándola a las culturas ajenas o anteriores. Prescindiendo de ese prejuicio, cabe constatar que el método científico-matemático tuvo que imponerse, efectivamente, frente al pensamiento medieval, de modo que la fórmula de la «revolución de los modos de pensar» resulta acertada; solo que esa revolución abrió camino a una razón que es específica de la época burguesa, frente a la razón de la Edad Media, que era muy distinta: mas no por ello fue sinrazón absoluta.[23]

El concepto de «conocimiento objetivo» adquiere así un significado distinto del habitual en nuestro uso lingüístico, que es el de un conocimiento ahistórico, independiente de las formas de sociedad y válido en igual medida para todos los seres humanos. Sería imposible convencer de la verdad del conocimiento científico de la naturaleza a un miembro de una cultura distinta o anterior que no reconociera los supuestos fundamentales del método matemático-científico, es decir, los principios de la razón burguesa. La única parte de la ciencia que se le podría demostrar con plausibilidad es el experimento: cuando realizo el acto a, definido hasta el menor detalle (lo cual habrá de parecerle entre ritual y grotesco), se produce regularmente el efecto b. Pero de eso no se sigue nada más, mientras mi interlocutor no comparta mi supuesto fundamental de que en el experimento se expresan unas leyes universales de la naturaleza, creyendo, por el contrario, que el acontecer natural es arbitrario y sin regla.

Los éxitos palpables del método matemático-científico son innegables. Son visibles, por ejemplo, en forma de sistemas técnicos, es decir, de unos sistemas en los que se crean artificialmente unas condiciones análogas a las que caracterizan a los experimentos, eliminando dentro de lo posible las interferencias. Pero del éxito de ciertas acciones no se sigue forzosamente la «verdad» de las creencias subyacentes (y menos aún una verdad que esté por encima de cualquier forma de sociedad). Éxito tiene también, por ejemplo, el arte chino de la acupuntura, como han comprobado muchos a quienes la medicina occidental no sabía ayudar. Pero inferir de ello que han de ser verdaderas las creencias en que tal arte se apoya entraría cuando menos en contradicción con los conocimientos científicos acerca del cuerpo humano.

Menos aún puede servir de argumento a favor de la superioridad de esta forma de pensar frente a otras, como a veces se pretende, el hecho de que el pensamiento científico haya logrado imponerse a escala mundial, junto a la sociedad de la mercancía. Bien se conocen, en fin de cuentas, los métodos a los que se debía el ascenso del sistema mercantil originario de Europa: el exterminio y la colonización de otros pueblos,[24] así como el aprovechamiento —impuesto por la lógica de la mercancía y, por ende, despiadado— de ventajas comerciales y adelantos relativos de la modernización. Frente a estos hechos, resulta poco convincente el argumento de que el modo de pensar europeo logró «convertir» a los miembros de otras culturas porque les ofrecía unos conocimientos más profundos. Así como el pensamiento científico fue reprimido, al inicio, por el poder de la Iglesia que forzó la retractación de Galileo, así acabó imponiéndose luego gracias al poder de la sociedad de la mercancía.

El conocimiento objetivo y el sujeto burgués

Siendo tan obvio el vínculo externo entre la sociedad burguesa y la ciencia matemática de la naturaleza,[25] cabe preguntar cuál es el vínculo interno o causal. Un enfoque crudamente «materialista» que pretende reducir todos los fenómenos sociales a la evolución económica (con lo cual presupone desde siempre la economía como esfera separada) fracasa necesariamente ante esa pregunta, aunque sea solo porque las ciencias naturales no empiezan a desempeñar un papel como fuerzas productivas hasta la época del capitalismo industrial, unos tres siglos después de su aparición. Y aunque hubiesen existido ya en los inicios de la modernidad unos problemas económicamente relevantes a cuya solución la ciencia hubiese podido aportar algo, eso no explicaría el cambio radical de método en la transición de la ciencia medieval a la moderna.

Alfred Sohn-Rethel ha desarrollado, con su tesis de una «identidad secreta de forma-mercancía y forma de pensamiento»,[26] un ambicioso programa que relaciona el surgimiento del pensamiento abstracto occidental con la primera acuñación de monedas y con el intercambio mercantil. A eso hay que objetar, primero, que el intercambio simple de mercancías, que Marx analiza como preliminar lógica de la sociedad capitalista desarrollada, jamás ha existido como formación social históricamente independiente (como parece suponer Sohn-Rethel), y, segundo, que los antecedentes del capital industrial, hasta el capital mercantil y usurero, se han dado también en otras sociedades (en China o en la India), sin que por ello el pensamiento tomara el mismo rumbo que en Occidente y, por lo demás, sin que surgiera una dinámica capitalista independiente.[27]

No quiero continuar aquí esa discusión, pues lo que me interesa no es el pensamiento abstracto occidental en general, sino únicamente la forma particular que asume en el conocimiento objetivo de las ciencias matemáticas de la naturaleza. Además no aspiro a una explicación causal de la evolución histórica, para la cual me faltan los medios, sino que me limitaré a las relaciones estructurales entre el método científico-matemático, descrito a modo de «tipo ideal», y la lógica de la sociedad de la mercancía en su forma desarrollada y actual. Aligerado de este modo, el programa de Sohn-Rethel me parece viable, aunque en lo siguiente solo pueda ofrecer algunos apuntes.

El eslabón que enlaza la sociedad de la mercancía como la forma objetiva de conocimiento es el sujeto burgués, esto es, la constitución específica de la conciencia que, por un lado, se requiere para subsistir en la sociedad de la mercancía y del dinero, y que, por otro lado, debe tener el sujeto para ser capaz de un conocimiento objetivo.

La forma-mercancía, o sea la determinación social de las cosas como mercancías, en la moderna sociedad burguesa se ha convertido en forma universal debido a que el capitalismo ha hecho de la fuerza de trabajo una mercancía de la cual sus portadores disponen libremente: esto es, libres de dependencias personales, libres de toda coacción, menos de la que los obliga a ganar dinero. Pero esa coacción impersonal es universal, de modo que el dinero se ha convertido en la sola finalidad de todo trabajo y la venta de la propia fuerza de trabajo en forma predominante de reproducción. En la sociedad mercantil, la satisfacción de cualquier necesidad concreta depende del dinero. La necesidad de disponer del máximo posible de dinero se convierte así en el primer «interés propio», igual para todos los miembros de la sociedad, aunque lo tengan que perseguir compitiendo unos con otros como mónadas económicas. Los sujetos del intercambio mercantil, libres e iguales en tal sentido abstracto, se imaginan a sí mismos como individuos autónomos que se ganan honradamente el sustento con su trabajo.

La aparente autonomía del individuo corresponde a la aparente naturalidad del proceso económico, que se presenta a las mónadas económicas como un proceso regido por leyes, descriptible únicamente con los conceptos de la teoría de sistemas que se han tomado en préstamo de las ciencias de la naturaleza.

En los dos sentidos, el sujeto burgués es inconsciente de su propia condición social: sin más obligación que la de asegurarse la subsistencia (con lo cual, sin embargo, no puede cumplir en cuanto tal individuo), alimenta con su trabajo abstracto a la megamáquina de la valorización del capital, de cuyo funcionamiento, por otra parte, no asume responsabilidad alguna, ya que lo experimenta como regido por leyes naturales inasequibles a su propio actuar.

El nexo entre la posibilidad de un conocimiento objetivo y la conciencia de la propia identidad fue subrayado ya por Hume y Kant, con las diferencias que les son peculiares. Para el empirista y escéptico Hume es ilusión metafísica no solo la representación de un objeto idéntico sino también la conciencia de la identidad personal, puesto que no puede derivarse de la experiencia. La argumentación de Kant es complementaria: ya que el conocimiento objetivo es un hecho y, por tanto, posible, mientras que sus condiciones de posibilidad no se pueden deducir de la experiencia, como ha demostrado Hume, esas condiciones deben estar dadas *a priori*, previamente a toda experiencia. El conocimiento objetivo presupone un sujeto que sea capaz de constituir los objetos de la experiencia como objetos idénticos, lo cual presupone a su vez la conciencia de un Yo idéntico a sí mismo.[28]

La conciencia de la identidad no se puede deducir de la experiencia; es previa a todo conocimiento empírico. Pero tampoco es algo innato al ser humano en cuanto tal, sino que se ha constituido socialmente. Para precisar lo que es la constitución de un sujeto capaz de conocimiento objetivo, conviene examinar las exigencias que impone la aplicación del método científico-matemático. Analizando los preceptos corrientes, formulados en modo imperativo, que los manuales de física experimental ofrecen para la realización de experimentos (eliminación del «factor subjetivo», conservando a la vez la condición de observador), Greiff ha mostrado que estos se refieren a un sujeto cuya inteligencia no depende de sus sentimientos: solo estos son lo que hay que eliminar. La intervención en la naturaleza que supone el experimento es, ante todo, una intervención del experimentador sobre sí mismo: la eliminación de su corporeidad y sus sentimientos. Así se produce la ilusión de que el sujeto no tuviera nada que ver con el proceso de conocimiento: «Pues aparentemente el sujeto, una vez eliminado, no vuelve a intervenir en el acto cognitivo; parece ser algo molesto, o cuando menos superfluo, para la objetividad del conocimiento. El hecho de que el observador, en el acto cognitivo, haya de concebirse a sí mismo como un factor de interferencia y distorsión que debe ser eliminado, produce la convicción de que la verdad reside en la naturaleza y no en el conocimiento de la naturaleza; la convicción de que la regularidad obedece a causas naturales y lo que se aparta de ella a causas humanas. Produce la ilusión de unas leyes que son propiedad de la naturaleza misma y que se manifestarían en todo su esplendor si no hubiese sujeto alguno. Pero se trata de una mera ilusión; pues también la eliminación del sujeto constituye un acto subjetivo, una operación que el sujeto mismo debe realizar... (La conformidad a leyes) es algo que el científico mismo produce al obedecer unas reglas determinadas y explícitas. Si se omitiesen los actos prescritos, no se llegaría a conocer la naturaleza en cuanto sometida a leyes; es decir, en lugar de unos conocimientos objetivos y conformes a leyes solo habría percepciones que varían de un observador a otro».[29]

Toda medición es una relación recíproca, mediada por el método matemático-científico, entre el sujeto que conoce y la naturaleza de la que hace su objeto; por tanto, no puede referirse nunca a la «naturaleza en sí», sino únicamente a esta forma específica de interacción.[30] La relación sujeto-objeto producida por el experimento y expresada en forma de ley no puede reducirse simplemente a uno de sus dos polos: tampoco al del sujeto, como acaso pueda sugerir un culturalismo estricto. Las leyes de la naturaleza no son ni productos del discurso que se puedan fabricar a discreción, prescindiendo del lado objetivo, ni tampoco meras propiedades de la naturaleza que nada tuvieran que ver con los sujetos cognoscentes.

La ilusión que hace aparecer la regularidad producida por el experimento como si fuese una propiedad de la naturaleza, es la misma ilusión por la cual el ciego proceso social de la sociedad mercantil se les presenta a los hombres como un proceso regido por leyes, exterior a ellos mismos, cuando de hecho son ellos quienes lo constituyen a través de su actuación como sujetos burgueses.

El sujeto en cuanto «actor consciente que no es consciente de su propia forma»[31] se concibe a sí mismo como separado de la naturaleza y de los demás sujetos, a los que experimenta como mero «mundo externo»; con lo cual se presupone inconscientemente el marco social total, específico de la sociedad burguesa, el único que produce semejante forma de conciencia.[32] El nexo sistemático de la forma-mercancía, objetivizado de ese modo, constituye también la igualdad de los sujetos que la forma objetiva de conocimiento presupone: la igualdad en cuanto mónadas mercantiles y dinerarias, ciudadanos adultos y responsables, dotados de iguales derechos y sometidos a idénticas reglas y leyes.

Pero esa igualdad ha de producirse previamente mediante una acción del sujeto sobre sí mismo: acción que adiestra al cuerpo y al espíritu, objetiviza las propias capacidades y los estados anímicos, escinde las peculiaridades individuales. Tal es, por lo demás, el plan de estudios, no del todo secreto, del concepto humboldtiano de la «formación por la ciencia», adoptado por las universidades alemanas, con aprovechamiento práctico de la «identidad secreta de la forma-mercancía y forma de pensamiento» mucho antes de que Sohn-Rethel le diera formulación teórica. Incluso Schopenhauer, que odiaba las matemáticas, tuvo que reconocerles un indudable efecto de autodisciplinamiento.

Ahora bien, poco hay que objetar a la autodisciplina y al pensamiento ordenado en sí mismos. La disolución de todo pensamiento en el «sentir» no quebranta la forma-mercancía (pues es ella la que produce la separación entre «cuerpo» y «espíritu», entre «sentir» y «pensar»); ni siquiera es revuelta sino más bien entrega al proceso objetivizado, mera compensación carnavalesca de la chatura cotidiana. Lo que hay que criticar es la inconsciencia con que se inculca la disciplina del pensamiento objetivo, observable en cualquier clase de matemáticas en la que se les sirve a los estudiantes de primer curso la matemática en su forma actual, sin decir palabra sobre su génesis histórica ni vinculación social. Ahí está el adiestramiento, la producción de la conciencia inconsciente de su forma: en aprender reglas formales y cálculos sin el menor contexto de sentido, hasta que desarrollen en la mente su propia lógica y no se plantee la pregunta por el sentido.

La escisión de las peculiaridades individuales a la que debe someterse el sujeto cognoscente a fin de no malograr el experimento es la misma escisión a la que somete, en la abstracción matemática del experimento mental, a los objetos de su contemplación: haciendo abstracción de sus cualidades, y aun de toda cosa concreta. Recuérdese la definición galileana del movimiento uniformemente acelerado o el célebre «punto de masa» de la mecánica newtoniana.

Criterio esencial de la deducción matemática es que se mantenga apartada de ella a la realidad concreta. La historia de las matemáticas desde Galileo en adelante se caracteriza por un aislamiento creciente frente a esa parte escindida del humano pensamiento, que una y otra vez se cuela por alguna puerta trasera, amenazando con «enturbiar» el pensamiento matemático. Si hasta el siglo XIX el concepto que las matemáticas tenían de sí mismas permanecía marcado por su papel de lenguaje en que está escrito, a decir de Galileo, el libro de la naturaleza, manteniendo así cierto vínculo con lo concreto, en 1900 la matemática se constituyó, con el programa formalista de David Hilbert, en ciencia por derecho propio, consistente en la aplicación de unas reglas fijadas para la transformación de cadenas de signos, a las que no se atribuía ya ninguna significación de contenido. No será casual que tal evolución se produce en el mismo periodo en que la forma-mercancía acaba de imponerse universalmente como principio de socialización y las relaciones de dominación y dependencia personales, heredadas del feudalismo, han quedado suplantadas en gran parte por las reglas formales que rigen para todos por igual y no sirven ya a ninguna finalidad individual.

En el siglo xx, la matemática como núcleo abstracto de las ciencias (matemáticas) de la naturaleza se erige en «disciplina regia» (Hilbert) de la que ninguna otra ciencia desea ya prescindir. De esa evolución forma parte también el fin de los modelos de la física clásica, ciertamente abstractos pero extraídos de la experiencia, que en la física de partículas elementales, por ejemplo, se sustituyen por modelos puramente matemáticos, desvinculados de toda analogía mecánica; de modo que ahora se puede leer en las revistas de divulgación que el espacio «en realidad» es curvo y tiene once dimensiones; lo cual, sin embargo, constituye ya una visualización que es, en rigor, ilícita.

CUESTIÓN QUE apunta más lejos es la del papel y la forma que las ciencias naturales, como actividad o institución, deben y pueden tener en una sociedad poscapitalista. En la medida en que las ciencias naturales amplían las posibilidades de acción humanas, constituyen una herramienta útil a la que no se debería renunciar. Pero la «ciencia natural como religión de nuestro tiempo» (Pietschmann), que eleva a propiedad de la naturaleza misma la regularidad producida por la forma de conocimiento objetiva y erige en cosmovisión a la naturaleza regida por leyes, determinando lo que vemos y lo que dejamos de ver, esta ciencia no sobrevivirá a nuestra época moderna. La imagen de la «naturaleza» ha sido siempre imagen socialmente constituida; y no se ve por qué una sociedad liberada de toda forma universal-abstracta e inconsciente haya de necesitar todavía una imagen unitaria de la naturaleza, obligatoria para todos por igual y en todo momento.[33]

Una determinación positiva de un modo de vivir, pensar y conocer más allá de la forma-mercancía no es cosa que se le pueda pedir a un científico y sujeto burgués como es el autor de este texto. Si se abriera por lo menos un debate sobre ello, ya se habría logrado mucho. Pues, en fin, ¿por qué la «revolución de los modos de pensar» constatada por Kant, que fundó la ciencia moderna, habría de ser la última revolución de esa índole?

Notas

1   Kant, I., *Fundamentos metafísicos de la ciencia de la naturaleza*, 1786, Prólogo.

2   Popper, K.R., *Conocimiento objetivo. Un enfoque evolucionista*, Madrid: Tecnos, 1988, pp. 73s.

3   Sohn-Rethel, A., *Geistige und körperliche Arbeit*, Frankfurt, 1970 (trad. cast.: *Trabajo manual y trabajo intelectual*, Bogotá: Andes, 1980); *Das Geld, die bare Münze des A priori*, Berlín, 1990.

4   von Greiff, B., *Gesellschaftsform und Erkenntnisform. Zum Zusammenhang von wissenschaftlicher Erfahrung und gesellschaftlicher Entwicklung*, Frankfurt, 1976.

5   Müller, R.-W., *Geld und Geist. Zur Entstehungsgeschichte von Identitätsbewusstsein und Rationalität seit der Antike*, Frankfurt, 1977.

6   Hume, D., *An Enquiry Concerning Human Understanding*, 1748 (trad. cast. *Investigación sobre el entendimiento humano*, 2ª ed. Losada, Buenos Aires, 1945).

7   Hume, *ibid.*

8   Por consiguiente, aquí no se aboga por el «anarquismo gnoseológico» del «*anything goes*» de Feyerabend (véase Feyerabend, P.K., *Tratado contra el método. Esquema de una teoría anarquista del conocimiento*, Barcelona: Tecnos, 1986). Feyerabend, perteneciendo él mismo a la tradición empirista, demuestra que la ciencia moderna no se ajusta a los criterios del empirismo; pero de eso no se sigue que los métodos se hayan de elegir arbitrariamente, sino más bien que los criterios en cuestión son erróneos.

9   Cassirer, E., *Das Erkenntnisproblem in der Philosophie und Wissenschaft der neueren Zeit*, vol. 1, 1910, p. 330 (Hay trad. cast.: *El problema del conocimiento en la filosofía y en la ciencia moderna*, México: Fondo de Cultura Económica, 1957 y numerosas reimpresiones).

10   Mulser, P., «Über Voraussetzungen einer quantitativen Naturbeschreibung», en V. Braitenberg/I. Hosp (eds.), *Die Natur ist unser Modell von ihr*, Reinbek, 1996, p. 157.

11   Véase Koyré, A., *Estudios de historia del pensamiento científico*, Siglo XXI, Madrid, 1990, pp. 196-205.

12   Galilei, G., *Discorsi e dimostrazioni matematiche intorno a due nuove scienze...* (1638), trad. cast.: *Consideraciones y demostraciones matemáticas sobre dos nuevas ciencias*, trad. de J. Sábada Garay, Madrid: Editora Nacional, 1981, p. 288.

13   Galilei, *op. cit.*, Jornada tercera, Teorema II, Proposición II; trad. cit., p. 294.

14   La realización efectiva de experimentos tropezaba en los tiempos de Galileo con enormes dificultades, ya que las condiciones técnicas eran miserables en comparación, por ejemplo, con las que hoy en día ofrece el aula de física de cualquier instituto de bachillerato. Los experimentos llevados a cabo por

Galileo para determinar la aceleración constante de la caída libre carecen de todo valor; Galileo mismo evita, por tanto, hasta donde pueda, indicar valores numéricos concretos, y cuando lo hace yerra de cabo a rabo: sus valores equivalen más o menos a la mitad de los hoy reconocidos. Ese hecho demuestra una vez más que el reemplazo de la física cualitativa de Aristóteles por la física cuantitativa de Galileo, que trabajaba con precisión y rigor matemático, no fue debido a la experiencia (véase Koyré, *op. cit.*, pp. 274-305). Así se entiende que Galileo se sirviera a veces del truco de presentar experimentos meramente imaginados como si los hubiese realizado efectivamente (Koyré, *ib.*, p. 202).

15   Cit. seg. Cassirer, *op. cit.*, p. 386.

16   Koyré, *op. cit.*, p. 183.

17   Newton, I., *Principios matemáticos de la filosofía natural*, trad. cast. de A. Escohotado, Barcelona: Altaya, 1997, p. 41.

18   Newton, *ib.*

19   Koyré, *op. cit.*, p. 183.

20   Véase Koyré, *ib.*, pp. 180-195.

21   La omnipresencia de las interferencias, afirmada por las propias ciencias de la naturaleza, hace más que cuestionable la teoría del empirismo moderno según la cual se trata de «la falsación de las hipótesis científicas mediante experimentos» (Popper). La ley de la caída, por ejemplo, no se puede falsar. Un experimento cuyas mediciones entraran en contradicción con dicha ley o bien no sería tomado en serio, o bien incitaría a la búsqueda de interferencias desconocidas.

22   Kant, I., *Crítica de la razón pura*, Prólogo a la segunda edición (1787), B xiiis., trad. cast. de P. Ribas, Madrid: Alfaguara, 1997, p. 18.

23   Todo depende de los criterios que se empleen: así, por ejemplo, la tenebrosa Edad Media no conocía excesos de violencia como los de la época burguesa; los que se le suelen atribuir

(*pogroms*, persecuciones de brujas) tuvieron lugar en los inicios de la Edad Moderna. Zinn, K.-G., *Kanonen und Pest. Über die Ursprünge der Neuzeit im 14. und 15. Jahrhundert*, Opladen, 1989, demuestra que la alimentación de la gran mayoría de la población fue empeorando constantemente entre 1450 y 1850 y que solo desde entonces ha venido mejorando de nuevo, aunque sea solo en los países industrializados, gracias a la producción industrial de alimentos, y con las consabidas deficiencias que conlleva. Si se adopta como criterio la distancia entre la realidad social y las posibilidades que abre el estado correspondiente de las fuerzas productivas, la sociedad moderna resulta ser la más irracional de cuantas han existido.

24   Incluso la superioridad de la técnica armamentística europea en los inicios de la Edad Moderna no se debía a los adelantos del desarrollo técnico sino al impulso, que venía imponiéndose a la sociedad entera, de emplear los conocimientos técnicos existentes, así como ingentes recursos económicos, preferentemente en el desarrollo y la producción de armas de fuego. El «complejo industrial-militar», por lo visto característico de la sociedad burguesa, se remonta a aquellos tiempos (véase Zinn, *op. cit.*)

25   La ciencia moderna surgió en los centros de la burguesía urbana, cuyo traslado desde el Norte de Italia y Alemania a Inglaterra y los Países Bajos provocó un traslado ligeramente posterior de los centros de investigación científica. Lefevre, W., *Naturtheorie und Produktionsweise*, Darmstadt, 1978, sostiene que las ciencias naturales fueron inicialmente ante todo un instrumento ideológico de la burguesía en la lucha contra los privilegios nobiliarios: si la naturaleza obedece a leyes universales, entonces el orden «natural» de la sociedad es aquel cuyos miembros hacen lo propio.

26   Sohn-Rethel, *op. cit.*

27   Zinn, *op. cit.*, sostiene que la sociedad burguesa surgió por una especie de «accidente histórico», debido a la peste del siglo xiv y la destrucción de las estructuras feudales que trajo consigo,

unidas a la introducción contemporánea de las armas de fuego, cuya producción en masa reforzaba la formación de los
poderes centrales del Estado y la economía monetaria (sustitución del tributo en especie por impuestos): lo cual explicaría
por lo menos por qué solo en Europa las formas embrionarias
de la sociedad mercantil lograron quebrantar las estructuras
feudales.

28 Kant, I., *Crítica de la razón pura*, B 132/134.

29 Greiff, *op. cit.*, p. 93.

30 El hecho es familiar a la física cuántica, cuyas observaciones
no pueden llevarse a cabo sin influir gravemente en el curso
«natural» de las cosas; aunque por lo general se lo suele encubrir mediante la suposición enteramente infundada de que
detrás de la regularidad producida por la interacción de sujeto
y microestructura se esconden las leyes «verdaderas» de la
naturaleza, independientes del sujeto.

31 Kurz, R., «Subjektlose Herrschaft», *Krisis* n.° 13, 1993, p. 68.

32 Véase Kurz, *ib.*, p. 69.

33 Repito, porque ya he tropezado con semejante malentendido,
que no se trata aquí del «*anything goes*» en el sentido de Feyerabend, sino de atribuir a un método la significación que le
corresponde; lo cual obviamente no equivale a colocarlo en el
mismo nivel que un hechizo de vudú.

¿Crítica social o nihilismo?

El «Trabajo de lo negativo» desde Hegel y Leopardi hasta el presente

Anselm Jappe

LAS SOCIEDADES MODERNAS GENERALMENTE han preferido sacar provecho de sus críticos en vez de encarcelarlos. Cuando la crítica era «constructiva» —y por lo general se esforzaba en serlo—, los administradores de la sociedad la escuchaban de buena gana. Aun así, quedaban siempre algunas personas cuyo descontento con las condiciones de vida dominantes adquiría rasgos de un rechazo global, por el cual estaban dispuestas a lanzarse al asalto contra lo existente aun sin disponer de ninguna alternativa inmediata, presentando la destrucción del orden establecido como un bien en sí mismo. Para ese tipo de crítica imposible de integrar, se tiene siempre a mano la acusación de «nihilismo», y no solo cuando se trata del terrorismo de sedicentes revolucionarios como los Ravachol y Nechaiev del siglo pasado. Por otra parte, la crítica social radical, aunque no ha aceptado casi nunca el calificativo de «nihilista», enarboló, sin embargo, la bandera de la *negación*: la negación no solo de algún aspecto, o de unos pocos aspectos, de lo existente, a los que pudieran oponerse otros positivos, sino de lo existente en todos o casi todos sus aspectos, desde el modo de producción hasta la familia, desde la religión hasta el Estado, desde la cultura hasta la oposición moderada.

Antes de que surgiera, hacia 1800, la sociedad industrial, semejante puesta en cuestión total del mundo se manifestaba solamente en las revueltas de carácter religioso, apocalíptico o mesiánico, la última de las cuales fue la Revolución Inglesa. La palingénesis a la que aspiraban las corrientes radicales de tales movimientos, como los anabaptistas de Münster o los Hermanos del Libre Espíritu, iba a menudo más allá de cuanto habrían osado soñar aun los más audaces de entre sus sucesores modernos. Pero su horizonte no era nihilista, sino todo lo contrario: era un horizonte «pleno», que se planteaba en términos esencialistas, puesto que la revuelta terrenal hallaba su punto de referencia, su justificación y su meta en el Reino de Dios que se había de instaurar sobre la Tierra. No habían «fundado su causa en nada» sino, por el contrario, en Dios, en la más plena de las realidades. Por motivos análogos, nadie llamaría nihilistas a aquellos pensadores modernos —pienso sobre todo en Charles Fourier— que, si bien

llevaron a cabo una crítica despiadada de la entera sociedad en la que vivían, subordinaban tal negación a la
visión positiva de la felicidad garantizada del futuro; de
modo que se luchaba no tanto *contra* lo existente como
a favor de otro mundo distinto, lo cual mitigaba en gran
medida la agresividad de los medios y de las formas,
que es otro rasgo característico de aquella contestación
radical que sus adversarios llaman «nihilismo».

Esa contestación radical no podía surgir antes de
que se generalizara aquel *contraste entre el individuo y
el mundo* que halló su primera expresión en el romanticismo; expresión que, sin embargo, en muchos aspectos no ha sido aún superada. En aquella época, la
negación radical surgió de distintos ámbitos a la vez.
Por un lado, tomó la forma de una *rebelión existencial*
del individuo que se ve a sí mismo como estando en
guerra contra la sociedad, aun cuando concibe esa sociedad bajo el aspecto genérico del «mundo» o de la
«vida». Tal rebelión no encuentra ya su punto de fuga
y su garantía en una certeza religiosa que se opusiera a
un mundo experimentado como enteramente negativo
y corrompido, como sucedía en los individuos «rebeldes» de épocas anteriores, como Blaise Pascal. En los
románticos, la negación había cobrado independencia,
por lo menos ahí donde no conducía a intentos visiblemente forzados de volver a encontrar a cualquier

precio un sustrato firme, como la Edad Media de Novalis o el protestantismo de Kierkegaard. El ejemplo supremo de un pensamiento romántico que expresa una condena total de lo existente sobre bases materialistas y ateas es el de Giacomo Leopardi. Veremos que sus ideas, aunque no se pueda hablar de una influencia directa, inauguran un tipo muy específico de crítica radical y existencial que habla en primera persona.

Casi al mismo tiempo que el pensamiento de Leopardi, e igualmente dentro del ámbito del romanticismo, se formó la filosofía de Hegel. Esta parece ser todo lo contrario de una doctrina nihilista; pero a veces sucede que un pensador es comprendido mejor por sus adversarios que por sus seguidores. Un autor que captó muy bien el aspecto subversivo de Hegel es Elémire Zolla, un estudioso francés de los místicos, que afirma, en un panfleto abiertamente reaccionario de 1971, que Hegel «exaltaba la crítica como un fin en sí mismo y utilizaba la utopía como droga para alimentar la destrucción incesante, es decir, la negación determinada de todas las cosas subsistentes. Cualquier petrificación, es decir, cualquier forma bien formada, queda disuelta por el furor conceptual o por el sarcasmo».[1] Zolla tiene razón: Hegel es el punto de partida de aquella negación progresiva de todos los aspectos de lo establecido que no reivindica ya nada positivo que ya existiera, sea en la realidad empírica, sea en la mente de Dios o de algún inventor genial como Fourier. Esta «furia del desaparecer», como dice Hegel, no es, sin embargo, nihilismo, en tanto que no es negación abstracta sino negación determinada; no es un genérico «no» a todo, sino la demostración de que todo lo que existe en su unilateralidad «se ha entregado en brazos del demonio y tiene necesariamente que perecer» —como dice Hegel citando el *Fausto* de Goethe—[2] para dejar sitio a formas más elevadas, que luego serán negadas a su vez. Toda la carga destructiva de la aportación hegeliana estaba ya encerrada en el método del maestro; los discípulos no hicieron más que añadirle ese contenido. La dialéctica hegeliana estaba destinada a encontrarse con la rebelión de los poetas románticos y sus sucesores, los prototipos del sujeto moderno, impidiendo así que esa rebelión degenerase en desesperación suicida frente a un mundo aparentemente sin salida. Como veremos, gran parte de la crítica social verdaderamente radical, del trabajo de «lo negativo», fue el resultado del encuentro entre la dialéctica hegeliana y el individuo que se rebelaba contra el mundo: Stirner y Bakunin, la poesía moderna, los dadaístas y los surrealistas, hasta hallar una especie de resumen y culminación en los situacionistas y Guy Debord.

Como es sabido, toda la dialéctica hegeliana se basa en la *negación*, a la que otorga una importancia que no había tenido nunca antes, ni mucho menos, en toda la historia del pensamiento occidental, salvo quizás en algunas formas de misticismo o de la «teología negativa». Desde el prólogo de la *Fenomenología del Espíritu*, Hegel subraya la inutilidad de todo pensamiento «si faltan la seriedad, el dolor, la paciencia y el trabajo de lo negativo».[3] A lo largo del desarrollo histórico e individual, cada forma existe solo en cuanto disolución y negación de la forma precedente, que queda reconocida en su insuficiencia. En la *Fenomenología del Espíritu* no se habla de otra cosa. La nada es un principio tanto histórico como lógico y ontológico: el hecho mismo de que algo exista se debe a la nada, a la negación del ser, pues de lo contrario este carecería de toda determinación. En la introducción a la *Ciencia de la Lógica* se lee:

> La única manera de *lograr el progreso científico* [...] es el reconocimiento de la proposición lógica que afirma que lo negativo es a la vez positivo, o que lo contradictorio no se resuelve en un cero, en una nada abstracta, sino solo esencialmente en la negación de su contenido *particular*; es decir, que tal negación no es cualquier negación sino *la negación de aquella cosa determinada* que se resuelve, y por eso es una negación determinada [...]. Al mismo tiempo que la resultante, es decir, la negación, es una negación *determinada*, tiene un *contenido*. Es un nuevo concepto, pero un concepto superior, más rico que el precedente.[4]

La negación es precisamente aquello mediante lo cual la razón, siendo capaz de englobar el Todo en el pensamiento, se eleva por encima del intelecto, que permanece anclado en la positividad del dato aislado (y que, precisamente en su rígida oposición al devenir, es lo verdaderamente negativo). En otro pasaje de la *Ciencia de la Lógica* se lee:

> El *intelecto* determina y mantiene firmes las determinaciones. La razón es negativa y *dialéctica*, porque resuelve en la nada las determinaciones del intelecto; es *positiva*, porque crea lo universal, y en él comprende lo particular. [...] Pero en su verdad la razón es *espíritu*, que está por encima de los dos, como razón inteligente, o intelecto razonante. El espíritu es lo negativo, es lo que constituye las cualidades tanto de la razón dialéctica como del intelecto.[5]

El espíritu, la categoría central de todo el pensamiento hegeliano, es, por tanto, esencialmente negativo. Lo cual no sorprende, puesto que el paso desde el ser completamente indeterminado y, por tanto, idéntico a la nada, a la existencia determinada es precisamente una consecuencia de la primera negación del ser que, en su carencia de toda determinación, resulta no ser nada. La negación no es la nada ni el ser, sino el devenir: «La realidad contiene ella misma la negación, es una existencia, no el ser indeterminado, abstracto. Igualmente también la negación es una existencia, no esa nada que debe ser abstracta».[6]

En otras palabras, sin negación, sin contradicción no habría ningún devenir, ninguna realidad concreta: «Si al contrario se toma la realidad en su determinación, entonces —puesto que ella contiene esencialmente el momento de lo negativo— el conjunto de todas las realidades se convierte también en el conjunto de todas las negaciones».[7]

Debo limitarme aquí a recordar, sin más, que Hegel desarrolló, a partir de esos principios lógicos generales, un sistema especulativo dentro del cual tanto la historia concreta como la historia de la filosofía, la filosofía de la naturaleza, la estética, la religión y el derecho, se despliegan a partir del principio de negación determinada. Pocos años antes, en el *Fausto* de Goethe, el diablo se define a sí mismo como «el espíritu que siempre niega»: parece que aquellos años fueron la época en que la humanidad descubrió la negación.

Es sabido, sin embargo, que en el sistema hegeliano lo negativo es solo una etapa en el camino hacia lo positivo, hacia una positividad rica y articulada gracias a la aportación de lo negativo. «Lo falso es un momento de lo verdadero», decía Hegel; la alienación del hombre, que se ve negado por sus propias creaciones, es solo un momento transitorio del despliegue del Espíritu Universal que conduce a la reconciliación final de las contradicciones. Desde este punto de vista, la filosofía de Hegel es esencialista, todo lo contrario de un nihilismo. No es casualidad que Hegel haya acabado rescatando la prueba ontológica de la existencia de Dios.

Pero el intento de encerrar como en una botella el «inquieto devenir en la sucesión del tiempo», después de haberlo descubierto como raíz del mundo moderno, estaba condenado al fracaso. Los «jóvenes hegelianos» utilizarán la dialéctica del maestro como herramienta para desmontar en pocos años, por lo menos en el plano teórico, todas las construcciones humanas, de manera tan completa que muy poca cosa le quedó por hacer a la posteridad. Efectivamente, desde entonces la filosofía, como disciplina separada, venía a reducirse a chata copia de lo existente, empeñada, ante todo, en eludir la fuerza explosiva de lo negativo: no en vano ha sido esencialmente *positivismo*.

Los jóvenes hegelianos veían en la filosofía de Hegel el medio para aniquilar el mal presente y preparar la más radical de las revoluciones, por mucho que algunos espíritus creyeran que la negación puramente teórica era superior a la práctica con sus inevitables limitaciones. Karl Grün, uno de los llamados «socialistas alemanes» vilipendiado por Marx y Engels en la *Ideología alemana*, recomienda en 1845 a los franceses: «Estaos un año entero sin tomar café, ni vino; [...]

dejad que gobierne Guizot y que Argelia pase bajo la soberanía de Marruecos; sentaos en una buhardilla a estudiar la *Lógica* y la *Fenomenología* [...]. [Al cabo de un año] vuestra mirada será mortal, vuestra palabra moverá la montaña, y vuestra dialéctica será más tajante que la más afilada guillotina. Os plantaréis delante del Hotel de Ville y la burguesía habrá dejado de existir; os acercaréis al Palais Bourbon y se desintegrará, y su Cámara de los Diputados se disolverá en un *nihilum album*. Guizot desaparecerá, Luis Felipe se trasmutará en quimera del pasado, y de entre las ruinas de todos estos momentos destruidos se alzará, orgullosa de su victoria, la idea absoluta de la sociedad libre».[8]

Pero antes de seguir adelante con los avatares de la negación hegeliana, ahí donde permaneció fiel a sí misma y no se apresuró por integrarse en una nueva positividad (como hizo, entre otros, el marxismo convertido en ciencia positiva), echemos un vistazo a la rebelión existencial de los románticos. Más allá de la nostalgia, del *Weltschmerz*, de la fascinación por toda clase de descomposición que encontramos en toda la literatura romántica, fue sin duda Leopardi —muerto seis años después de Hegel, en 1837— quien alcanzó la negatividad más cabal. Una negatividad que resulta insoportable hasta el día de hoy, como demuestra el hecho de que a menudo se haya tratado de negarle la categoría de pensador o de filósofo y quitarles importancia a sus escritos en prosa, donde con mayor claridad se manifiesta el aspecto crítico, para no ver en él más que un poeta lírico; y aun en este terreno hubo quien quiso negar, como Benedetto Croce, el valor de aquellas composiciones poéticas en las que la polémica corrosiva de Leopardi hace imposible relegarlo al papel del dulce cantor melancólico. El pesimismo de Leopardi era rigurosamente ateo y materialista; era, conforme a una interpretación muy difundida, inicialmente personal, luego histórico y finalmente cósmico. Por lo demás, se ha insistido mucho en las fuentes personales del pesimismo de Leopardi, acosado por enfermedades, amores infelices, estrecheces materiales, una familia y una ciudad natal insoportables.

En la mayor parte de sus obras, Leopardi niega efectivamente cualquier valor de la vida, víctima de una naturaleza que se comporta como madrastra indiferente hacia sus criaturas. Acaso no se hubiera visto un pesimismo tan radical desde los tiempos de la Antigüedad. Aun así, para Leopardi cabe la posibilidad de una salida; y eso lo aproxima, por así decir, mucho más que a Schopenhauer, con quien demasiado a menudo se le compara, a los rebeldes del sesenta y ocho. Antes que nada porque el sufrimiento fundamental del hombre es, para Leopardi, el aburrimiento. El aburrimiento nace de la escasa frecuencia de las sensaciones placenteras, cuya posibilidad Leopardi no niega. En los diálogos filosóficos de las *Operette morali* dice: «Pero aquello que acaso sea lo más digno de llamarse vida, es decir, la intensidad y la abundancia de las sensaciones, es lo que todos los hombres por naturaleza aman y desean». Si uno viviese solo la mitad del tiempo, todas las sensaciones serían más fuertes, el aburrimiento no existiría y la vida sería casi deseable: «Quisiera que pudiéramos acelerar (la actividad vegetativa de nuestro cuerpo) de modo que nuestra vida se redujera a la medida de la de algunos insectos, llamados efímeros... En este caso, supongo que no quedaría sitio alguno para el aburrimiento... Pero si tú quieres de verdad ser útil a los hombres prolongando la vida, encuentra un arte por el cual se pueda multiplicar el número y el brío de sus sensaciones y de sus actos... ¿No crees que los antiguos vivían más que nosotros, puesto que, debido a los graves y continuos peligros que solían correr, morían por lo general más pronto?».[9] En otras palabras, una vida intensa haría soportable el dolor y el vacío de la existencia; y no siempre Leopardi concibe tal intensidad como simple resultado de una vida más breve. En otro diálogo hace decir a Cristóbal Colón que afrontar riesgos y peligros en busca de grandiosas hazañas es sin duda preferible a una existencia segura pero chata y monótona. En su diario intelectual, el *Zibaldone*, la alusión a la mayor vitalidad de los tiempos antiguos se expresa como sigue: «Henos aquí todos hechos unos egoístas. ¿Y ahora qué? ¿Somos más felices? ¿De qué gozamos nosotros? Una vez se le haya quitado al mundo lo bello, lo grande, lo noble, ¿qué queda de placer, de ventaja, de vida? No digo en general ni para la sociedad, sino en particular y para cada uno. ¿Quién es o quién era más feliz? ¿Los antiguos con sus sacrificios, sus preocupaciones, sus inquietudes, negocios, actividades, hazañas y peligros, o nosotros con nuestra seguridad, nuestra tranquilidad, despreocupación, orden, paz e inactividad, nuestro amor al bien propio y nuestra despreocupación por el bien ajeno o público, etc.? ¿Los antiguos con su heroísmo o nosotros con nuestro egoísmo?».[10] Aquí, como en muchos otros pasajes de Leopardi, se expresa una moral heroica cuyo ideal es el mundo antiguo: a la desengañada conciencia del vacío de la vida en la época moderna, la época de la «alienación», según Hegel, Leopardi opone lo que Hegel llamaba la «bella vida ética» de la *polis* griega. En otras palabras, según Leopardi, una realidad social que ofreciera al individuo la posibilidad de una vida plena, gloriosa y aventurera, que le permitiese participar en la historia en lugar de sufrirla, sería más fuerte que la ontológica insensatez de la vida.

Leopardi fue, de hecho, un observador atento de su época; en absoluto vivía fuera del mundo. Lo atestigua, entre otras cosas, su agudísima crítica de las costumbres italianas, que aún hoy en día conserva su actualidad. Pero lo que solo hoy revela todo su valor de anticipación es que Leopardi no simpatizó en absoluto con los movimientos liberales y patrióticos de su tiempo, a los que trató, por el contrario, con un sarcasmo tan áspero como certero. No deja de ser abusivo, por tanto, que los herederos de esos movimientos pretendan reivindicar a un «Leopardi progresista», según rezaba el título de un libro publicado en 1947 por un «intelectual orgánico» del Partido Comunista Italiano. Pero tampoco es que Leopardi fuera un reaccionario o un «existencialista» apolítico, como últimamente se ha puesto de moda afirmar: era la suya una crítica de aquel progreso, de aquella «razón geométrica», como él la llamaba, que otros luego llamarían razón instrumental o sociedad de la mercancía. Hay momentos en Leopardi que recuerdan la crítica de la *Dialéctica de la Ilustración* de Horkheimer y Adorno. En otros aspectos, era partidario del progreso entendido como salida de la Edad Media cristiana, que a Leopardi, a diferencia de muchos otros románticos, no le inspiraba el menor asomo de nostalgia. Lo que emerge del ideal de la Antigüedad es el deseo de una vida apasionada y apasionante. Su horizonte no era ni la justicia social ni el desarrollo de las fuerzas productivas, pues había comprendido adónde habían de conducir: al triunfo completo de la sociedad de la mercancía vacía de contenidos. Su horizonte era más bien el «Cambiar la vida» de Rimbaud. No es casual que Nietzsche haya sido uno de los primeros admiradores fervientes de Leopardi fuera de Italia. Aunque no haya filiación directa, tal vez se pueda decir que Leopardi fue uno de los padres de aquella contestación del orden existente de hace unos decenios cuyo grito de guerra fue: «Una sociedad que ha abolido la aventura convierte la abolición de esta sociedad en la única aventura posible».

La negatividad radical, armada de todos los argumentos que le proporcionó aquella *summa* de la filosofía que fue la especulación hegeliana, se vivificó gracias al ardor subversivo liberado por el sujeto moderno. Lo que distingue tal negatividad de los otros muchos intentos de cambiar el mundo mediante revoluciones o reformas es la presencia de una perspectiva individual, subjetiva e inmediata, de una aspiración a la felicidad a realizar a corto plazo, en lugar del sacrificio en nombre de una causa gloriosa que algún día habría de dar sus frutos.

La combinación de la dialéctica hegeliana con la rebelión de quien vivía en carne propia un presente experimentado como enteramente negativo produjo dos personajes notables que ponían la negación radical al servicio del deseo de un cambio inmediato y total. Uno de ellos concebía tal cambio como un rechazo de cualquier sociedad y de todo lo que estuviera por encima de la propia persona, mientras que para el otro significaba la dedicación con cuerpo y alma a la revolución. Me refiero a Max Stirner y a Mijail Bakunin. Aunque los historiadores de la filosofía los clasifiquen a ambos, y no sin razón, como «hegelianos», prevalece en ellos el rebelde que solo en un segundo momento se hace teórico. Stirner fue uno de los pocos a quienes se les puede llamar efectivamente «nihilistas» y que aceptaban ese calificativo. Su obra principal, *El único y su propiedad*, empieza con la misma frase con la que acaba: «Yo he fundado mi causa en nada». Esa obra pertenece a la crítica social solo en un sentido muy indirecto, puesto que Stirner se opone imparcialmente a cualquier tipo de sociedad. Con razón se ha dicho que a Stirner no se le puede parangonar ni a Marx ni a Bakunin ni a los anarquistas, sino más bien a Pascal, Dostoievski y Nietzsche o, mejor todavía, al marqués de Sade y a Antonin Artaud.[II]

En Bakunin, por el contrario, una reflexión desordenada pero apasionada se combina con un activismo frenético y el compromiso revolucionario. También a él se le ha endilgado el epíteto de «nihilista», por mucho que no tuviera más que contactos fugaces con los nihilistas rusos en sentido estricto y que acabara por renegar del terrorismo de Nechaiev. Sus escritos gozan todavía hoy de amplia difusión (no hace falta insistir en la importancia que tuvieron en España), pero no era un teórico, y sus escritos, que a menudo surgieron a partir de cartas, fueron consecuencia de una negatividad vivida con pasión. Se conoce la anécdota de Bakunin que, al pasar en coche ante una casa en derribo, mandó parar el coche, se quitó el abrigo y se puso a ayudar a los obreros. Esa unidad de teoría y pasión práctica es el motivo por el cual sigue gozando aún hoy de tanta popularidad. Bakunin sigue siendo uno de los ejemplos más altos del encuentro de lo negativo «existencial» con lo negativo «hegeliano». Marx le envió un ejemplar de *El Capital* con una dedicatoria al «viejo hegeliano». A decir verdad, las referencias a Hegel que se encuentran en los escritos de Bakunin no son frecuentes, pero significativas. En *Estatismo y anarquía* se lee: «Pero el otro partido, el de los llamados *hegelianos revolucionarios* resultó ser más consecuente e incomparablemente más audaz que Hegel mismo; arrancó a sus enseñanzas la máscara conservadora, poniendo así al desnudo la negación despiadada en la que consiste su verdadera esencia. Esa tendencia fue encabezada por el célebre Feuerbach, quien llevó la consecuencia lógica hasta la negación total no solo de cualquier mundo divino sino incluso de la metafísica misma... Durante los años treinta y cuarenta prevaleció la opinión de que una revolución que siguiera a la difusión del hegelianismo, desarrollado en el sentido de una negación completa, habría de ser incomparablemente más radical, más profunda, más despiadada y de mayor alcance destructivo que la revolución de 1793».[12] A los jóvenes hegelianos de Berlín, el círculo de los llamados «libres», Bakunin los menciona como «el primer círculo de nihilistas alemanes, cuya actitud consecuente hasta el cinismo superaba incluso a los nihilistas más fervientes de Rusia».[13]

Así pues, mientras se estaba formando el movimiento obrero internacional, que objetivamente ayudó a la sociedad capitalista a alcanzar su madurez, por los márgenes siguieron existiendo quienes reclamaban una vida enteramente distinta aquí y ahora. Mientras incluso en el movimiento anarquista ese impulso se iba debilitando, sobrevivió, en cambio, en las vanguardias artísticas que se dedicaron a la autodisolución de la expresión artística. Como es sabido, entre 1860 y la Primera Guerra Mundial las artes llevaron a cabo la más radical «desconstrucción», por así decir, de todos los valores de la cultura occidental y anunciaron la necesidad de su superación. Era paradigmático el «Cambiar la vida» de Rimbaud, que fue también un partidario entusiasta de la comuna de París. Una negación de un tipo quizá de veras nihilista se encuentra en su contemporáneo Lautréamont. Otro ejemplo es Alfred Jarry, autor de *Ubú rey*. Era inevitable que se produjera un encuentro entre la rebeldía que se expresaba en la descomposición del arte, por un lado y, por el otro, la exigencia de cambiar el mundo en el plano práctico, exigencia que hacía valer un movimiento obrero que por entonces ya carecía de toda dimensión subjetiva. El primer resultado de ese encuentro fue el dadaísmo, sobre todo en su variante berlinesa, que estaba vinculada a la revuelta del proletariado alemán de 1918 a 1920. En el dadaísmo la negatividad se manifiesta de nuevo en toda su pureza, rozando el nihilismo. De toda la cultura, la política, la vida, no queda más que un grito infantil: «Dadá». Los dadaístas expresaron un rechazo de todos los valores que no se había visto nunca antes, pero también la esperanza del cambio. Con el reflujo de la oleada revolucionaria, cuando la experiencia dadaísta conduce en París a la fundación del movimiento surrealista, vuelve una mayor reflexión, y en este contexto reaparece también la dialéctica hegeliana. En 1922, antes aún del inicio oficial del movimiento surrealista, los dos fundadores, André Breton y Louis Aragon, hablan del «hombre que para Mallarmé, Villiers de L'Isle Adam, Jarry y Louis Aragon y, sobre todo, para Dada fue el verdadero Mesías: Hegel, cuyo "idealismo absoluto" ejerce hoy en día una influencia enorme, hasta tal punto que los partidos conservadores y los partidos más avanzados lo reivindican por igual. Estamos tentados de ofrecer aquí un resumen de esta doctrina que nos es tan familiar y en la cual se encuentran en germen el *Coup de dés* (de Mallarmé), la *Eve future* (de Villiers de L'Isle-Adam), las *Especulaciones* (de Jarry), la vida de Jacques Vaché. Pero bastará con recordar que incluso para explicar las bufonadas de ciertas manifestaciones dadaístas, hasta los periodistas más cerriles han dado con Hegel».[14]

Los surrealistas, por lo menos mientras los encabezaba Breton, se dedicaron a una larga serie de intervenciones escandalosas mediante las cuales trataban de ventilar la repulsa que les inspiraba la sociedad en que se hallaban. Atacaban a las vacas sagradas como el patriotismo, así como los modos más profundos de pensar, percibir y sentir. Organizaban encuestas preguntando «si el suicidio es una solución» y defendieron a una parricida, incitaron a los soldados a la deserción e insultaban a los curas en la calle, escarnecieron al entonces recién fallecido escritor Anatole France e incitaron a los enfermos mentales a atacar a los psiquiatras, para citar solo unos pocos ejemplos. Aunaban la vida bohemia con llamamientos, si bien genéricos y a veces retóricos, a la revolución que por entonces eran inauditos en un grupo de artistas. En una proclama de 1925, titulada *La révolution d'abord et toujours*, se lee: «Creemos en la necesidad ineludible de una liberación total... queremos... proclamar nuestro distanciamiento absoluto... de las ideas que forman la base de la civilización europea, no muy lejana todavía, y de toda civilización basada en los insoportables principios de la necesidad y del deber... Por cierto que somos unos bárbaros, puesto que una cierta forma de civilización nos da asco... No aceptamos las leyes de la Economía ni del Intercambio, no aceptamos la esclavitud del Trabajo, y en un ámbito más vasto todavía, declaramos la guerra a la Historia... Lo estereotipado de los gestos, los actos, las mentiras de Europa ha concluido el ciclo de la repugnancia (Spinoza, Kant, Blake, Hegel, Schelling, Proudhon, Marx, Stirner, Baudelaire, Lautreamont, Rimbaud, Nietzsche: esta enumeración es por sí sola el inicio de vuestra ruina). Ahora les toca a los mongoles acampar en nuestras plazas».[15] Se nota no solo el claro predominio del elemento negador sobre el positivo o «de propuesta», sino también la gran claridad a la hora de discernir a los propios antepasados: fue efectivamente Spinoza quien declaró por primera vez que «*omnis determinatio est negatio*», como recordaba también Hegel;[16] y en Kant y Schelling estaba pensando el inventor del término «nihilista», Friedrich Heinrich Jacobi (1799), autor de inclinaciones místicas.

Cuando hacía falta, los surrealistas eran capaces de llevar la negación hasta el paroxismo, como en la conocida frase del *Segundo Manifiesto del surrealismo* de Breton, según la cual «el acto surrealista más sencillo consiste en bajar a la calle, revólver en mano, y disparar al azar contra la muchedumbre, lo más que se pueda», puesto que «el surrealismo no teme erigir en dogma la revuelta absoluta, la insumisión total, el sabotaje sistemático».[17] Pero como ya decíamos, la revuelta a cualquier precio no desdeña la aportación hegeliana. Si bien el empleo frecuente de fórmulas hegelianas en los escritos surrealistas a veces no parece ser mucho más que un ornamento estilístico exótico, es verdad, sin embargo, que Breton recurre a la dialéctica como garantía del proyecto surrealista de unificar «la vida y la muerte, lo real y lo imaginario, el pasado y el futuro, lo comunicable y lo incomunicable, lo alto y lo bajo».[18]

En una entrevista de 1950, Breton caracterizó con gran lucidez la importancia que tuvo el surrealismo para la crítica social radical: «Las dos necesidades que yo había soñado una vez con fundirlas en una sola, "transformar el mundo", según Marx, y "cambiar la vida", según Rimbaud, en el transcurso de los últimos quince años se han disociado y opuesto cada vez más;

pero yo no abandono la esperanza de que se vuelvan a encontrar. El gran obstáculo que se opone actualmente a su encuentro es el estalinismo. Al falsificar todos los valores revolucionarios, el estalinismo ha cortado el puente que, desde los tiempos de Saint-Simon y de Fourier, las mantenía unidas».[19] Aquí se pone de manifiesto tanto el papel que jugaron los surrealistas en la labor de reconciliación de los dos filones de la negatividad moderna como su proximidad a la agitación situacionista.

La Internacional Situacionista constituye algo así como la *summa* de todas las experiencias mencionadas hasta ahora. Existió desde 1957 hasta 1972 y estuvo fuertemente marcada por Guy Debord, que anteriormente había impulsado en París un grupúsculo llamado Internacional Letrista.

Los letristas y luego los situacionistas, que se concebían inicialmente como una especie de renovación del surrealismo primitivo, aspiraban a superar el arte y a trasladar sus contenidos a la «construcción integral de la vida». De los «comportamientos experimentales», la psicogeografía, la deriva y el «urbanismo unitario» del primer periodo —a los que se ha dedicado, hace un año, una exposición en Barcelona—, pasaron luego a una crítica social integral centrada en el concepto de «espectáculo». El espectáculo es la transformación de toda experiencia vivida en imágenes que se contemplan pasivamente, según quedó expuesto, sobre todo, en el libro de Debord *La sociedad del espectáculo*, publicado en 1967. No se trataba simplemente de una crítica de los *mass media*, sino de una crítica, sobre bases hegelianas y marxianas, del fetichismo de la mercancía que se ha transformado en mera imagen. Si «la primera fase de la dominación de la economía sobre la vida entrañó, en la definición de toda realización humana, una evidente degradación del *ser* al *tener*», ahora se está pasando del tener al parecer.[20] Los situacionistas no se limitaban a la teoría, sino que practicaban una intensa agitación, más allá de la política tradicional, a favor de la «revolución de la vida cotidiana» y la liberación de las pasiones, a despecho de todas las constricciones sociales. Anticiparon en gran medida el espíritu de la revuelta de mayo del sesenta y ocho, en la que participaron activamente; revuelta que fue efectivamente el gran resultado del encuentro de la tradición «hegeliana» en sentido lato, la crítica racional de la sociedad, con el deseo de una vida enteramente distinta que experimentaban los sujetos individuales. Nunca antes una insurrección de tales dimensiones había tenido en tal grado el carácter de una rebelión existencial colectiva.

Para más detalles acerca de los situacionistas, debo remitir a mi libro sobre Debord, cuya versión cas-

tellana se publicará próximamente en la Editorial Anagrama [Jappe, A., *Guy Debord*, Barcelona: Anagrama,
1998]. Aquí solo conviene ver cuanto había de negativo o nihilista en un movimiento que se enorgullecía de
ser el más extremista de todos y de proponer la única
crítica total de la sociedad contemporánea, con la cual
los situacionistas habían roto incluso en el plano de la
vida personal (rechazo del trabajo, de los canales habi-
tuales de la comunicación intelectual, etc.).

Cuando la Internacional Situacionista hizo en
1972 el balance de sus actividades, contaba entre sus
éxitos el haber «sabido comenzar a hacer entender a la
parte subjetivamente negativa del proceso, a su "lado
malo", su propia teoría desconocida», puesto que «la
Internacional Situacionista pertenece ella misma a
este lado malo».[21] Hay que recordar que aquí lo negativo se entiende en sentido hegeliano, como «negación
de la negación» y paso al estadio siguiente.

Pero Debord causaba impresión también como
personalidad, de cuya fascinación parece formar parte
su papel de «príncipe de las tinieblas». Debord llegó
a París a los veinte años, en 1951, y se sintió atraído
enseguida por el recién formado ambiente de los llamados letristas, otro grupo animado por un espíritu
de negación radical que había rescatado y radicalizado
ciertas ocurrencias de los dadaístas y los surrealistas,

sobre todo el intento de reducir la poesía a las puras letras. Pero ante todo se trataba de un ambiente de extrema oposición a los valores admitidos. Aún decenios después, Debord hablaría con entusiasmo de aquellos «demoledores», enteramente dedicados a la negación vivida y existencial: «Había por entonces en la margen izquierda del río [...] un barrio en donde lo negativo tenía su corte. Es trivial observar que incluso en los periodos agitados por grandes cambios los espíritus más innovadores difícilmente se deshacen de muchas concepciones anteriores que se han vuelto incoherentes, y que conservan por lo menos algunas de ellas, porque sería imposible rechazar globalmente, como falsas y carentes de valor, unas afirmaciones universalmente admitidas. Hay que añadir, sin embargo, [...] que tales dificultades dejan de estorbar desde el momento en que un grupo humano empieza a fundar su propia existencia real sobre el rechazo deliberado de lo que se acepta universalmente y sobre el desprecio cabal de cuanto de ello pueda resultar». Debord explica luego que aquellos individuos creían solo y abiertamente que «nada es verdad, todo está permitido»: «No existía nada por encima de nosotros mismos que hubiéramos podido considerar digno de estima. La verdad es que para quien piensa y actúa de esa manera no hay interés alguno en escuchar ni un instante de más a quienes encuentran a las condiciones existentes algún lado bueno, o tan siquiera algo que se haya de respetar».[23]

Aun así es característico que Debord se distanciaba ya por entonces de todo nihilismo abierto. En la revista *International lettriste* se lee en 1952: «No hay nihilistas, solo hay impotentes»;[24] y en el número siguiente de la revista se encuentra un breve artículo de Debord titulado «*Pour en finir avec le confort nihiliste*». En 1957, Debord escribe, en retrospectiva, en la revista *Potlatch*: «Cabe observar, por tanto, que cierto nihilismo satisfecho, que era mayoritario en la Internacional Letrista hasta las expulsiones de 1953, se ha prolongado objetivamente en los excesos de sectarismo que han contribuido a torcer algunas de nuestras decisiones hasta 1956».[25] Afirmaba que él y sus amigos eran dadaístas solo en la medida en que representaban «un dadaísmo en positivo».[26]

Fue precisamente el deseo de salir de la pura negatividad el que llevó a Debord a elaborar una teoría que pudiera oponer a la sociedad del espectáculo, esa «negación visible de la vida»,[27] como él la llamaba, y a la vida vacía y aburrida, la negación revolucionaria y el acceso a la plenitud de la vida verdadera aquí y ahora. La nueva oleada revolucionaria que anuncian los situacionistas es también heredera del arte que, como dice Debord, «desde el romanticismo hasta el cubismo es, en última instancia, un arte cada vez más individualizado de la negación, que se renueva de manera perpetua hasta llegar a la disgregación y a la negación consumada de la esfera artística».[28] El mismo estilo revolucionario situacionista, basado en el *détournement*, la reutilización de elementos ya existentes, pero con otra función distinta (o sea una especie de anti-cita), no es, según Debord, «una negación del estilo, sino el estilo de la negación».[29] En efecto, «lo único que conserva el sentido de la cultura es su negación real».[30]

Parece, en fin, que no hemos encontrado el nihilismo en ninguna parte. Aun así, llamar «nihilismo» a la crítica social radical es algo más que una reacción defensiva. Para ser exactos, no es nada menos que un enrevesamiento de la verdad: pues nihilista es la sociedad moderna misma, y eso por motivos que van mucho más allá de cuanto indicaran Nietzsche o Heidegger. La nada, la carencia de fundamentos, es el núcleo de su modo de producción. Cuando no se produce ya para el valor de uso sino únicamente para el valor de cambio, cuando el trabajo no sirve para satisfacer ninguna necesidad concreta sino solamente para fabricar unos objetos cualesquiera para venderlos en el mercado (lo que Marx llamó «trabajo abstracto»), entonces la abstracción, lo puramente cuantitativo, el predominio de la forma, y concretamente de la forma-mercancía, sobre cualquier contenido, determinan la entera vida social. El valor de cambio, la simple cantidad de trabajo social que se ha incorporado a una mercancía, es el triunfo de la cantidad, de la abstracción de toda cualidad. Hegel sabía ya que «hacer valer abstracciones en la realidad significa destruir realidades».[31] El valor de cambio no es un principio «pleno» que va creando una sociedad a su medida, sino una potencia destructora que conduce a la subordinación del ser humano, de la naturaleza y aun de la producción material misma, a la necesidad del acrecentamiento incesante del valor de cambio; lo cual, por otros motivos, es decir, a causa del aumento de la productividad, se va haciendo cada vez más difícil. El contraste entre la riqueza material concreta y la forma vacía por la cual esta debe pasar tal vez haya alcanzado hoy en día un estadio decisivo. Lo cierto es, de todos modos, que la forma-mercancía, tras un periodo de incubación que duró unos tres siglos, conquistó rápidamente la sociedad en la época de las revoluciones burguesas y de la revolución industrial. Se explica, por tanto, la irrupción repentina de lo negativo en sus diversas variantes en la cultura de los primeros decenios del siglo XIX: esta representaba una constatación crítica del desmoronamiento de los fundamentos tradicionales de la sociedad, pero también una especie de mímesis de ese trastorno, su reproducción en el

pensamiento y en la vida; sobre todo porque la desaparición de los viejos vínculos sociales, la superación
de la «plenitud» de la época premoderna o feudal, era
vivida durante mucho tiempo como una liberación de
unas ataduras sofocantes. Desde este punto de vista,
un elemento nihilista consciente podía efectivamente
formar parte de la crítica social. Era muy comprensible
que en ciertos periodos el placer de la destrucción pre-
valeciese sobre la exigencia de reconstruir. Pero lo mismo que Max Horkheimer ha demostrado acerca del
pariente y antepasado del nihilismo, el escepticismo,[32]
vale también para la negación como fin en sí mismo,
que de una función al menos parcialmente crítica
pasa a un papel completamente funcional al sistema
del cual pretende distanciarse, en tanto que mete en
el mismo saco ese sistema mismo y todos los intentos
de cambiarlo. En este siglo, el nihilismo inherente a la
sociedad de la mercancía ha abandonado su fase lar-
varia, que solo podemos detectar mediante el análisis
teórico que hizo Marx de la forma-mercancía. Ahora,
en cambio, aparece en plena luz del día. El capitalismo
ha producido unas devastaciones y unas «negaciones»
que ni los nihilistas más auténticos habrían sido capaces de imaginar. A Stirner el moderno sujeto atomiza-
do de la competitividad le habría parecido amoral. Las
esperanzas que cifraba Leopardi en una vida breve e

insegura, como condición para apreciarla más, se han hecho realidad de un modo muy poco heroico ni antiguo. Se ha definido el nazismo, no sin razón, como una «revuelta del nihilismo». No es casual que Marx previera, en sus primeros esquemas de trabajo, terminar su crítica de la economía política, el futuro *Capital*, con un capítulo sobre «el apocalipsis».[33] Toda la crítica marxiana de la economía política es una teoría de la crisis y una previsión de su derrumbe final, por mucho que los llamados marxistas hayan menospreciado esta clave de bóveda de su teoría. Hoy en día, la negatividad radical podemos abandonarla tranquilamente al desorden imperante, que sabe practicarla mejor que los mejores nihilistas. Lo que hoy hace falta es, como decía Hegel, la negación de la negación o —para decirlo con Averroes— la destrucción de la destrucción.

Notas

1   Zolla, E., *Che cosa è la tradizione*, Milán: Adelphi, 1998 (citado en *La Repubblica*, 26 de marzo de 1998).

2   Hegel, G.W.F., *Phänomenologie des Geistes*, Suhrkamp, pág. 270 (trad. cast., por W. Roces: *Fenomenología del Espíritu*, México: FCE, 1966, p. 214).

3   *Ibid.*, pág. 24 (trad. cit., p. 16).

4   Hegel, G.W.F., *Wissenschaft der Logik*, Suhrkamp, vol. I, pág. 49 (trad. cast., por Augusta y Rodolfo Mondolfo: *Ciencia de la Lógica*, Buenos Aires: Solar-Hachette, 1968, pág. 50).

5   *Ibid.*, págs. 16-17 (trad. cit., p. 29).

6   *Ibid.*, pág. 122 (trad. cit., p. 204).

7   *Ibid.*, pág. 120 (trad. cit., p. 102).

8   Cit. en Marx, K. y Engels, F., *Die deutsche Ideologie.*, en MEW vol. 3, pp. 476 y ss. (trad. cast. *La ideología alemana*, trad. de Wenceslao Roces, Montevideo: Pueblos Unidos, 1971, p. 592; trad. modificada).

9   Leopardi, G., «Dialogo di un fisico e di un metafisico», en *Operette morali*, Milán: Garzanti, 1989, pp. 101-103.

10 Leopardi, G., *Zibaldone*, 21-I-1821 (Ed. Sansoni, *Tutte le opere*, pp. 180 y s.).

11 Châtelet, F. (ed.), *La philosophie et l'histoire*, París: Hachette, 1973.

12 Bakunin, M., *Staatlichkeit und Anarchie*, Berlín: Ullstein, 1979, p. 558 (trad. cast. *Estado y anarquía*, en *Obras de Bakunin*, vol. I, Buenos Aires: La Protesta, 1929).

13 *Ibid*, p. 570.

14 Breton, A., *Oeuvres*, vol. I, París: Gallimard, 1988, p. 632 (*Projet pour la bibliothèque de Jacques Doucet*).

15 *La Révolution surréaliste*, n.° 5.

16 *Wissenschaft der Logik*, *op. cit.*, p. 121.

17 Breton, A., *Manifestes du surréalisme*, París: Gallimard, 1988, p. 74 (trad. cast. *Manifiestos del surrealismo*, trad. Andrés Bosch, Madrid: Visor, 2002).

18 *Ibid.*, p. 72 y s.

19 Breton, A., *Entretiens*, París: Gallimard, 1969, pág. 278 (trad. cast. *El surrealismo*, trad. de Jordi Marfà, Barcelona: Barral, 1972, p. 282, trad. modificada).

20   Debord, G., *La société du spectacle*, § 17 (trad. cast. *La sociedad del espectáculo*, trad. de José Luis Pardo, Pre-Textos, Valencia, 1999).

21   Debord, G./Sanguinetti, G., *La veritable scission dans l'Internationale*, París: Champ Libre, 1972, pp. 14 y s.

22   Debord, G., *In girum imus nocte et consumimur igni* (película de 1978), París: Gérard Lebovici, 1990, págs. 33 y s. (trad. cast. de Luis Andrés Bredlow, Anagrama, Barcelona, 2000, pp. 32s. y 41).

23   En Berréby, G. (ed.), *Documents relatifs à la fondation de l'Internationale Situationniste*, París: Allia, 1985, pp. 155 y s.

25   *Potlatch* 1954-1957, reimpr. París: Gérard Lebovici, 1985, p. 228.

26   *Ibid.*, p. 173.

27   Debord, G., *La société du spectacle, op. cit.*, § 10.

28   *Ibid.*, § 189.

29   *Ibid.*, § 204.

30   *Ibid.*, § 210.

31   Hegel, G.W.F., *Lecciones de historia de la filosofía*, cit. en Krahl, H. J., *Konstitution und Klassenkampf*, Frankfurt a. M.: Verlag Neue Kritik, 1971.

32   Horkheimer, M., *Montaigne und die Funktion der Skepsis* (1938), ahora en *Gesammelte Schriften*, vol. IV, Frankfurt A. M.: Fischer, 1988 (trad. cast. en Horkheimer, M., *Historia, metafísica y escepticismo*, Madrid: Alianza, 1982, pp. 137-201).

33   Mega II, 2, p. 14 (trad. cast. en *Obras de Marx y Engels*, vol. XXII, Barcelona/Buenos Aires/México: Grijalbo, 1978, p. 395).

Índice

Otros títulos publicados:

Lewis Mumford
El mito de la máquina
Técnica y evolución humana (vol. 1)
Traducción de Arcadio Rigodón
segunda edición | isbn: 978-84-937671-2-9 | 2013
| 554 págs. | 21 x 14,5 cm

En *Técnica y evolución humana*, primero de la serie de dos volúmenes titulada *El mito de la máquina*, Lewis Mumford da cuenta de las fuerzas que han venido dando forma a la tecnología desde la prehistoria y que han desempeñado un papel cada vez más destacado en la conformación de la humanidad contemporánea.

Mumford se remonta a los orígenes de la cultura, pero en lugar de aceptar el punto de vista según el cual el progreso del hombre se debió a su dominio de las herramientas y la conquista de la naturaleza, demuestra que las herramientas no se desarrollaron, ni podrían haberse desarrollado en ninguna medida relevante, sin el concurso de una serie de significativas invenciones como los rituales, el lenguaje y la organización social. Esta es solo una de las reinterpretaciones radicales que Mumford hace de la evolución del hombre primitivo —desde la utilización de energía a gran escala en el inicio de la civilización, hasta la evolución de mecanismos complejos durante la Edad Media—.

Todas ellas han arrojado luz sobre la tecnología totalitaria de la época moderna.

«Una reinterpretación radical o una filosofía de la ecología humana. [...] [Un] estudio sobre la humanidad, a la vez de una magnitud inmensa y elegantemente conformado, que abarca desde la era prehistórica hasta el umbral de la edad contemporánea. [...] Es un libro estimulante, rebosante de erudición y espíritu de empatía».

—Eliot Fremont-Smith, *The New York Times*

«En la raíz del pensamiento de Mumford hallaremos, no la sociología, sino una honda sensibilidad estética ante la psicobiología del hombre y sus obras. [...] La suya es la mente de un artista, quizá, más que de un erudito: se recrea en las formas y los símbolos y aborda lo humano con el sentido de lo divino... Da gusto acompañarle en esta imaginativa aventura en pos de los orígenes de la conciencia humana, el lenguaje, la magia, los rituales y el arte...».

—Theodore Roszak, *Peace News*

«[Mumford] ocupa un puesto singular como teórico medioambiental de su tiempo. Ningún otro investigador del hábitat físico y social del hombre se ha aproximado siquiera a la magnitud y profundidad de su obra de toda una vida como historiador de la técnica y la cultura urbana».

—Allan Temko, *Harper's Magazine*

Lewis Mumford

El pentágono del poder

El mito de la máquina (vol. 2)

Traducción de Javier Rodríguez Hidalgo

isbn: 978-84-937671-3-6 | 2011 | 808 págs. | 21 x 14,5 cm

En *El pentágono del poder*, segundo y último volumen de *El mito de la máquina*, concluye el balance radical que Lewis Mumford hace de rancias y trasnochadas concepciones acerca del progreso humano y tecnológico. Ofrece una explicación histórica completa de las irracionalidades y las devastaciones que han socavado las grandes conquistas de todas las civilizaciones. Mumford demuestra cómo los imperativos cuantitativos de la técnica moderna —velocidad, producción en masa, automación, comunicación instantánea y control remoto— han acarreado inevitablemente la contaminación, los deshechos, las perturbaciones ecológicas y el exterminio de seres humanos en una escala inconcebible con anterioridad.

Lejos de ser un ataque contra la ciencia y la técnica, *El pentágono del poder* pretende establecer un orden social más orgánico, basado en los inmensos recursos tecnológicos del organismo humano. Semejante orden, según demuestra Mumford, es fundamental para que la humanidad pueda superar las fantasías y agresiones deshumanizadas que amenazan con destruir nuestra civilización por entero.

«Una obra inmensamente importante, un logro señero [...] despeja el camino para comprender mejor la ingente tarea a la que nos enfrentamos si queremos salvarnos».

—Harold Clurman, *Life*

«Todo aquel que hable o escriba en la actualidad [...] de los problemas de la ciencia, la tecnología y la sociedad, ha aprendido de Lewis Mumford. Los contemporáneos de Erasmo decían que "era un hombre nacido para resucitar la literatura". Podríamos decir de Mumford que es un hombre nacido para resucitar la *humanitas* y el ideal de la dignidad humana».

—Milton R. Konvitz, *Saturday Review*

·

WILLIAM MORRIS
Cómo vivimos y cómo podríamos vivir.
Trabajo útil o esfuerzo inútil.
El arte bajo la plutocracia

Prólogo de Estela Schindel «William Morris: la técnica, la belleza y la revolución»

Traducción de Federico Corriente

CUARTA EDICIÓN | ISBN: 84-940296-7-7 | 2013 | 184 págs. | 12 x 17 cm

[...] Además del deseo de producir cosas hermosas, la pasión rectora de mi vida ha sido y sigue siendo el odio hacia la civilización moderna. [...]

·

Anselm Jappe

Crédito a muerte

La descomposición del capitalismo y sus críticos

Traducción de Diego L. Sanromán

isbn: 978-84-938349-6-8 | 2011 | 270 págs. | 17 x 12 cm

[...] La actual descomposición del sistema no es en modo
alguno resultado de los esfuerzos de sus enemigos revolucionarios, ni siquiera de cierta resistencia pasiva —por
ejemplo, frente al trabajo—. Se deriva más bien del hecho
de que la base de la vida de todos y cada uno de nosotros en
la sociedad mercantil, es decir, la perpetua transformación
de trabajo en capital y de capital en trabajo —en consecuencia, el consumo productivo de la fuerza de trabajo y la valorización del capital— está agotándose a ojos vista, a causa
esencialmente de la sustitución de la fuerza de trabajo vivo
por las tecnologías. [...]

·

Karl Marx

El fetichismo de la mercancía

Prólogo de Anselm Jappe

isbn: 978-84-15862-15-4 | 2014 | 96 págs. | 12 x 17 cm

[...] La crisis ya no es, ni mucho menos, sinónimo de emancipación. Saber lo que está en juego se convierte en algo
fundamental y disponer de una visión global, en algo vital.
Por eso, una teoría social centrada en la crítica de las categorías básicas de la sociedad mercantil no es un lujo teórico

que esté alejado de las preocupaciones reales y prácticas de los seres humanos en lucha, sino que constituye una condición necesaria para cualquier proyecto de emancipación. De ahí que la obra de Marx —y muy en particular, el primer capítulo de *El capital*— siga siendo indispensable para comprender lo que nos ocurre cotidianamente. Esperemos que un día se estudie solamente para disfrutar de su brillantez intelectual.

.

Elogio de la anarquía
por dos excéntricos chinos del siglo III

Polémicas del siglo tercero seleccionadas
y presentadas por Jean Levi

Traducidas del chino antiguo y anotadas
por Albert Galvany

ISBN: 978-84-936367-8-4 | 2009 | 180 págs. | 12 x 17 cm

Esta joya nos acerca a algunos de los más interesantes debates sociales que sacudieron los ambientes letrados de una China en gran efervescencia intelectual, y lo hace por medio de la traducción completa de tres polémicas: «De la inutilidad de los príncipes», «Sobre el carácter innato del gusto por el estudio» y «Sobre los efectos nocivos de la sociedad para la salud».